ANTIKE UND GEGENWART

Ovid · Ars amatoria

Lieben – Bezaubern – Erobern

bearbeitet von

Friedrich und Luise Maier

C.C.BUCHNER

ANTIKE UND GEGENWART

Lateinische Texte zur Erschließung europäischer Kultur

Herausgegeben von Friedrich Maier

3. Auflage, 4. Druck 2021
Alle Drucke dieser Auflage sind, weil untereinander unverändert, nebeneinander benutzbar.

Dieses Werk folgt der reformierten Rechtschreibung und Zeichensetzung. Ausnahmen bilden Texte, bei denen künstlerische, philologische oder lizenzrechtliche Gründe einer Änderung entgegenstehen.

Lektorat: Bernd Weber
Layout und Satz: i.motion, Bamberg
Druck: mgo 360 GmbH & Co. KG, Bamberg

Einbandmotiv: Max Beckmann, Odysseus und Kalypso, 1943, Hamburg, Kunsthalle

www.ccbuchner.de

ISBN 978-3-7661-**5966**-3

Vorwort

Si quid amare libet vel discere amare legendo, / Nasonem petito!
Disticha Catonis

„Make love, not war!" Darin hat man Ovids literarische Parole erkannt, die einen Großteil seiner Werke durchdringt. Der Autor bringt damit jene beiden Bereiche in einen spannungsreichen Gegensatz zueinander, die das Denken und Handeln der Römer in der Antike vorherrschend bestimmten: Waffen, Krieg, Eroberung als Voraussetzung oder Mittel der politischen Selbstbehauptung auf der einen Seite, Liebe und Leidenschaft als existenzielle Bedingung des persönlichen Glücks auf der anderen Seite.

Im Vergleich zur historisch-politischen Literatur nimmt sich allerdings – unter den überlieferten Werken der Römer – die Liebesdichtung eher bescheiden aus. Zwei Liebesdichter vor allem haben zeitüberdauernde Wirkung erlangt: Catull und Ovid. Beide treten zum traditionellen Rom-Bild in Widerspruch, Ovid sogar in bewusstem Affront gegen die politische Führung. Gegen den Krieg setzt er die Liebe. Eines seiner Zentralthemen ist die Erotik; sie will er von Tabus befreien und ihr als einer elementaren Lebensmacht zur Geltung verhelfen. Der Autor sieht sich sogar als „Erotodidaktiker" (*praeceptor amoris*), der seine Leser in die „Kunst der Liebe" einzuführen verspricht – nicht in todernster Ambition, vielmehr in einem meist heiter ironischen Spiel, das die Grenzen zwischen Sein und Schein fließend macht.

In der europäischen Kulturgeschichte ist Ovid außer mit seinen *Metamorphosen* gerade auch durch seine *Ars amatoria* präsent geblieben. Ja, „Ovids Gedicht über die Liebeskunst hat bei einem breiten Leserpublikum in aller Welt von jeher zu den beliebtesten Werken der antiken Literatur gehört. Es wurde bereits im Mittelalter in allen Ländern des westlichen Abendlandes nachgeahmt ... und in der Neuzeit, die diese Tradition bis in die Gegenwart fortführte, überdies in alle Kultursprachen übersetzt." (Niklas Holzberg). Erst ab dem 18. Jahrhundert haben verengte bürgerliche Moralvorstellungen das Büchlein mit der systematischen Liebeslehre ins Abseits gestellt. In unserer heutigen Gesellschaft ist das Thema „Liebe und Sexualität" weitgehend enttabuisiert, auch in der Schule. Ovids „Liebesdidaktik" hat deshalb im Lateinunterricht heute eine gute Chance; ja die kunstvolle Abhandlung über die „Kunst der Liebe" macht es möglich, unverkrampft mit den Schülerinnen und Schülern über die natürlichste Sache der Welt zu sprechen – auch vor dem Hintergrund eines gewandelten Rollenverständnisses von Mann und Frau.

Prof. Dr. Friedrich Maier

Didaktische Hinweise

1. Zu Zielsetzung und Textauswahl

Der vorliegende Textband hat zum Ziel, den Schülerinnen und Schülern zur politisch-imperialen Existenz der Römer, wie sie uns meist in der überlieferten Literatur entgegentritt, eine „Gegenwelt" vor Augen zu führen. Dies ist die Welt von Liebe und Leidenschaft, die in gleicher Weise die gesellschaftliche und existenzielle Wirklichkeit der Römer bestimmte und das Alltagsleben in nicht geringem Maße beherrschte. Gerade die Werke Ovids eignen sich für einen solchen Einblick in diese „Gegenwelt". Durch deren Lektüre sollte es gelingen, ein einseitiges Bild vom Rom der Antike in den Köpfen der Lernenden zu vermeiden – vor allem dann, wenn die reichhaltige Wirkungsgeschichte mitberücksichtigt wird.
Zu diesem Zweck sind aus der *Ars amatoria* die aussagekräftigsten Abschnitte zusammengestellt und zur Lektüre aufbereitet; dabei konzentriert sich die Auswahl der Lektüretexte vornehmlich auf die Bücher 1 und 2, die die „Liebesregeln" für den Mann enthalten; es werden aber auch aus dem Buch 3, das sich an die *puellae* wendet, einschlägige Stellen entweder als Lektüretext oder als Übersetzungstext zum Vergleich herangezogen, sodass auch die Perspektive der Frau mit zur Geltung kommt; freilich ist auch deren Liebesverhalten durch die Brille des männlichen Dichters gesehen. Gerade dieser Umstand muss Anlass zur kritischen Auseinandersetzung mit dem Text geben.

2. Zur Konzeption des Lektüreprojekts

Die Lektüre der *Ars amatoria* ist thematisch angelegt; es sind Schwerpunkte aus dem fortlaufenden Text des ovidischen Werkes ausgewählt, die sich als in sich geschlossene thematische Einheiten bearbeiten lassen. Dabei ist versucht, vom Proöm bis zum Epilog einen inhaltlichen Spannungsbogen herzustellen, in dem sich die Intensität der Behandlung des Liebesthemas steigert, sodass das Interesse der Schülerinnen und Schüler wach gehalten, womöglich sogar erhöht wird.

3. Projektanlage

Jedes Textstück, das im Original zu lesen ist, ist als Lektüreeinheit gestaltet; diese ist so arrangiert, dass die zusammengruppierten Materialien, soweit möglich, Einblicke in die antike Gesellschaft geben und vor diesem Hintergrund das jeweilige Thema Profil gewinnt. Wissen und Verständnis der römischen Lebensverhältnisse sollen dabei in den Schülerinnen und Schülern so aufgebaut werden, dass der Vergleich zwischen Antike und Gegenwart sie zu einer stärkeren Reflexion der eigenen Lebenssituation anregt und fähig macht. Die Texte über Erotik und Sexualität sind – trotz oder gerade wegen der heute üblichen Offenheit in solchen Fragen – mit gebotener Zurückhaltung ausgesucht; ihre Lektüre zielt auf ein offenes und sachliches Gespräch über das Thema „Liebe und Partnerschaft" mit und unter den Lesern. Die

Lektüre dieser Erotodidaktik kann deshalb einen durchaus wertvollen Beitrag zur Sexualerziehung leisten. Die fachübergreifende Arbeit des Lateinunterrichts wird durch diese Konzeption gefordert und gefördert.

4. Zu Einsatzmöglichkeiten und Zeitbedarf

Die 20 Lektüreeinheiten sind in ihrem Schwierigkeitsgrad so ausgewählt, dass sie bei L 1 in der 10./11. Jgst., bei L 2 in der 11. Jgst. gelesen werden können. Der sub-linea-Kommentar versucht, alle größeren Schwierigkeiten zu entschärfen und durch reichliche Wortschatzangaben ein zeitaufwendiges Nachschlagen im Lexikon zu vermeiden. Eine flüssige Lektüre der in der Regel kurzen Textpassagen ist dadurch gewährleistet.

Mag auch das Lektüreprojekt in gewissem Sinne als ein inhaltlich geschlossenes Ganzes konzipiert sein, so macht dies doch nicht die Behandlung aller Lektüreeinheiten erforderlich – zumal sich die Einzelteile nicht immer in

ihrer Aussageintention scharf voneinander trennen lassen. Die Lehrkraft kann durchaus nach Maßgabe der verfügbaren Zeit, der Übersetzungsfähigkeit und des Interesses der Lernenden aus dem Angebot auswählen. Für eine Lektüreeinheit (Kapitel) sollten in der Regel nicht mehr als zwei Stunden verwendet werden. Es wäre didaktisch wohl kaum vertretbar, die *Ars amatoria*-Lektüre länger als drei Monate auszudehnen (insgesamt 220 Verse als Übersetzungslektüre).
Die vorliegende Textausgabe ist auf der Grundlage von Ergebnissen einiger fachdidaktischer Seminare erarbeitet worden: deren Teilnehmer haben Einzelsequenzen bereits im Praktikumsunterricht erfolgreich erprobt. Die Motivation der Schüler für solche Texte erwies sich dabei als außerordentlich hoch. Sie eignen sich offensichtlich gerade dazu, der lateinischen Lektüre zu einem wirkungsvollen Abschluss zu verhelfen – sei es am Schuljahresende oder überhaupt am Ende des Lateinunterrichts.

5. Zu den Arbeitsformen

Im Zentrum des Unterrichts werden immer die Übersetzung des Textes und die Auseinandersetzung mit seinem Inhalt stehen müssen.

a Die Aufgaben zur Interpretation geben für diese Arbeit die Richtung an.

z Daneben aber lassen sich gerade mit Hilfe der Zusatz- und Begleitmaterialien, d.h. ergänzende Texte aus Antike, Neuzeit und Gegenwart, Rezeptionsdokumente in Text und Bild, Karikaturen, Gemälde, Collagen usw., alle kreativen Formen einer modernen Literaturbehandlung einsetzen: Übersetzungsvergleich, freie Nachgestaltung in Dichtung und Prosa, Gestalten einer Hörspielszene, Herstellen einer Text- oder Bildcollage, einer Computergraphik, einer Internetseite.

i Anhand der Informationsteile lassen sich die Kenntnisse über den geschichtlichen und gesellschaftlichen Hintergrund der Textinhalte erweitern.

Alles kann sich in Solo- oder Gruppenarbeit vollziehen; manches wird gerne, wie die Erfahrung zeigt, in häuslicher Arbeit geleistet. Eine Zusammenarbeit bietet sich bei diesem Thema vor allem mit den Vertretern des Deutschunterrichts, der Kunsterziehung, des Ethik- und Religionsunterrichts an.

Dichter und Werk

1. Das Leben Ovids

Das Allermeiste, was wir über das Leben Ovids wissen, erfahren wir aus seinem Werk *Tristia* („Lieder der Trauer"); in ihnen beklagt sich der Dichter über sein Unglück, das ihm durch seine Verbannung aus Rom widerfuhr.

Geboren wurde Publius Ovidius Naso als Sohn eines Ritters am 20. März 43 v. Chr. Der Vater besaß ein Landgut in Sulmo (heute: Sulmona, s. S. 9) unweit von Rom, sodass der Sohn in begüterten Verhältnissen aufwachsen konnte.
Wie viele andere Söhne aus Ritterfamilien durfte er in Rom Rhetorik studieren, um später einmal die politische Laufbahn ergreifen zu können. Nach

Luca Signorelli: angeblich Bildnis des Ovid, 16. Jh., aus dem Freskenzyklus in der Cappella Nuova di San Brizio im Dom von Orvieto

einigen Studienreisen in die Provinzen begann er die ersten Sprossen der Karriereleiter zu erklimmen. Er wurde Triumvir und Dezemvir.
Doch dem jungen Mann stand der Sinn nicht nach der Politik. Viel lieber widmete er sich der Kunst, Verse zu dichten, was er sich dank seines vermögenden Vaters auch leisten konnte. Zweifelsfrei war er auf diesem Gebiet sehr talentiert und stand seinen damaligen Dichterkollegen an Kunstfertigkeit in nichts nach. Bald wuchs auch sein Bekanntheitsgrad in Rom und er kam mit anderen Vertretern der Gattung *Elegie* in Kontakt, wie Tibull und Properz. Zu seinen Bekannten gehörten aber auch die Dichtergrößen Vergil und Horaz.
Schließlich konnte er seinen Ruhm und Erfolg sorgenfrei mit Kollegen und Publikum als gefeierter Mann genießen. Doch nach dem Aufstieg kam der Fall. Wegen seiner freizügigen Dichtung war der Konflikt mit dem Kaiserhaus vorprogrammiert. Die laszive Tendenz seiner *Ars amatoria* (veröffentlicht 1 v. Chr.) ließ ihn bei Augustus in Ungnade fallen, da dieser darin seine Sittengesetze unterminiert glaubte. Erschwerend kam der Umstand hinzu, dass Ovid Mitwisser an einem Sittenskandal geworden war, in den Julia, die Enkelin des Kaisers, verwickelt war.
In der Folge wurde Ovid 8 n. Chr. aus Rom verbannt nach Tomi, dem heutigen Constanza, am Schwarzen Meer, wo er dann die Zeugnisse seiner traurigen Existenz verfasste. Zwar durfte er seine Werke, wie die *Tristia* und die *Epistulae ex Ponto*, weiterhin in Rom veröffentlichen und blieb so gewissermaßen präsent, doch das Zentrum des geistigen und künstlerischen Lebens sah er nie wieder. Die Begnadigungsgesuche, die er noch bei Augustus' Nachfolger Tiberius einreichte, wurden stets mit Ablehnung beantwortet, sodass er bis zu seinem Tod am Ende der Welt und ohne die Resonanz seiner Leser dahinvegetieren musste – was ihn in Existenzängste und Depressionen stürzte.
In einigen Versen der *Tristien* (IV 4, 1-10) versetzt sich Ovid in einen „Brief", der von ihm abgeschickt nach Rom reisen darf und in dem er seine depressive Stimmung dem römischen Publikum mitteilen will; ein Schüler hat diese Verse folgendermaßen nachgedichtet:

Von der Schwarzmeerküste komm' ich als Brief
Des Naso, der zu mir weinend rief:
„Ach, du Glücklicher, schau dir Rom an,
Wenigstens du, wenn ich's schon nicht kann!"
Sollt' nach dem Grund der Trauer ihn einer fragen,
so wird er weinend ihm Folgendes sagen:
„Zeig mir die Sonne und das Gras auf den Feldern,
das Wasser im Fluss und das Laub in den Wäldern!"

Walther Schuster, 11a, 1986

Ovids Heimatstadt Sulmona heute mit dem Denkmal des Dichters

Resignierend schreibt er schließlich in *Tristien* III 37-49:

„So fern an unbekannter Küste also werde ich sterben
Und allein schon durch den Ort ist mein Schicksal traurig.
Nicht wird mein Körper im gewohnten Bette erschlaffen
Und keiner wird sein, der den Daliegenden beweint."

Ovid starb wahrscheinlich im Jahr 17 n. Chr.

2. Ovids Werke

Sein bekanntestes und erzählerisch ausgereiftestes Werk sind die *Metamorphosen* (1 v. Chr. bis 10 n. Chr.), die mit den *Fasti* (5 v. Chr. bis 8 n. Chr.) zur **erzählenden Dichtung** gehören. Im ersten sind Mythos und Geschichte zu einem Großepos verbunden, in dem die Weltgeschichte von Beginn an bis zum Prinzipat des Augustus erzählt wird. In immer neuen Bildern werden die „Verwandlungen" (*Metamorphosen*) von Welt und Menschen vorgeführt. Die *Fasti* sind sogenannte aitiologische (griech. *aitia*: Ursprung, Ursache) Gedichte, die in sechs Büchern versuchen, den römischen Kalender zu erläutern und in Anbindung an bestimmte Festtage die Geschichte Roms von den Anfängen bis zur Befreiung der Stadt von den Galliern 387 v. Chr. in ein chronologisches Grundraster zu bringen.

Eugène Delacroix: Ovid bei den Skythen, 19. Jh., National Gallery, London

In den **Verbannungsgedichten**, den *Tristien* (8-12 n. Chr. und den *Epistulae ex Ponto* (12-16 n. Chr.), verleiht Ovid seinem ganzen Schmerz und seiner Resignation über die Verbannung Ausdruck. Will er zunächst nur die Erinnerung an sich in Rom wach halten und einen Stimmungsumschwung im Kaiserhaus zu seinen Gunsten bewirken, so werden zunehmend in einzelnen Gedichtabschnitten Kritik und Unwillen über die Politik des Princeps laut.
Als ein poetisches Meisterwerk gilt die *Ars amatoria*; sie gehört mit den *Remedia amoris* (um 2 n. Chr.) zu den **Liebeselegien** (s. Anhang S. 71) wie auch die *Heroides* (zw. 15 u. 5 v. Chr.), Liebesbriefe berühmter Frauen des Mythos an ihre Geliebten in der Ferne, und die *Amores*, Liebeselegien in drei Büchern (2 n. Chr.). Solche Themen und Motive stehen zu Beginn seines Schaffens beim Publikum in Rom hoch im Kurs. Wie ist nun das Werk einzuordnen, dessentwegen Ovid aus Rom verstoßen worden ist und sein restliches Leben in der Fremde „bei den Barbaren“ verbringen musste?

3. Die Ars amatoria

Ovid ist eine Generation jünger als Vergil und Horaz, die Dichtergrößen seiner Zeit. Während diese die Schrecken der Bürgerkriege noch miterlebt haben, ihre Dichtungen deshalb gewissermaßen noch politisch „belastet“ sind, schreibt Ovid ganz aus dem Geist der *Pax Augusta* – frei und unbeschwert. Die *Metamorphosen* und *Fasti* sind eher noch ernsthaft gehaltene Werke. Als „leichte“ Gedichte gelten dagegen die *Amores*, die *Ars amatoria* und die *Remedia amoris*; sie sind letzten Endes erst durch die neue Zeit möglich geworden, die mit Augustus angebrochen war. In ihnen spielt der Dichter mit den Möglichkeiten einer sorglosen Generation und stellt sich so mehr und mehr in Gegensatz zur restaurativen Politik des Princeps.
Das bis dahin gültige Prinzip der „Nützlichkeit“ von

Anonym: Ovid erklärt die Liebeskunst, Miniatur aus dem 15. Jh., Norfolk, Holkham Hall

„Dichtung stellt Ovid auf den Kopf und, anstatt die Jugend Roms zu lehren, die Vergangenheit zu ehren und sich seiner Werte würdig zu erweisen, verfasst er ein **Lehrgedicht** (s. Anhang S. 71) über die „Kunst der Liebe". Sein Kaiser hatte dafür kein Verständnis. Wahrscheinlich eine Mitschuld am Sittenskandal seiner Enkelin Julia liefert ihm schließlich den Grund für Ovids Verbannung an die äußerste Grenze des Reiches, für Ovid an das Ende der Welt. Ovid selbst bezeichnete in *Tristien* 2, 207 diesen Grund mit *carmen et error*; er meint damit seine *Ars* und ein „fehlerhaftes Verhalten", das wohl darin bestand, dass er infolge der Wirkung seiner „Liebeskunst" direkt oder indirekt am sittenwidrigen Vorfall in der Kaiserfamilie mitschuldig wurde.
Ein Lehrgedicht über die Liebeskunst hat es vor Ovid nicht gegeben; zwar sind Ansätze dazu in einzelnen Gedichten der sogenannten Elegiendichtung (Tibull und Properz) zu erkennen, doch ein Werk, das sich mit über 2300 Versen ausschließlich diesem Thema widmet, ist in der lateinischen Literatur ein absolutes Novum. Ist die drei Bücher umfassende *Ars amatoria* nun ein systematisches Lehrwerk über die Liebe, eine sogenannte **Erotodidaktik** für den Mann (Buch 1 und 2) und die Frau (Buch 3)?

Ovid bezeichnet sich in einer selbst entworfenen Grabinschrift als *tenerorum lusor amorum*, also als einen, der sich spielerisch mit dem Gegenstand der „zarten Liebe" befasst. Das heißt jedoch nicht, dass er als „Liebeslehrer" (*praeceptor amoris*) nicht ernstgenommen werden will. Der Dichter behandelt die Grundlagen der Liebeskunst mit überlegenem Humor, der sich in Witz und Ironie ausdrückt. Die Haltung der ironischen Distanz zum Thema wird aber nicht selten durchbrochen durch ernsthafte Gedanken über die Liebe, in der er eine existenzielle Grundbedingung des menschlichen

Augustus-Porträt des Typus *capite velato* („mit verhülltem Haupt"). Die Verhüllung des Hauptes steht symbolisch für die kaiserliche *pietas*. Augustus wollte damit auf seine religiöse und sich um das Heil der Bürger sorgende Grundhaltung als Staatsmann hinweisen. Diese Haltung verbirgt geschickt seine unumschränkte Macht.

Lebens erkennt und die er aus den misslichen Zwängen einer nach seiner Überzeugung überholten Tradition befreien will. Ovids Absicht ist also durchaus, vor seinem Publikum als Lehrer aufzutreten, wobei er sich als Meister der psychologischen Durchdringung des Stoffes, vornehmlich der als Exempel benutzten mythischen Geschichten erweist.
Wenn der Dichter allerdings als Fremder in Rom den Bürgern dieser Stadt, die unter dem „Schutz" der Liebesgöttin Venus steht und innerhalb deren Mauern deshalb nur Liebeskundige wohnen können, Lehren in der Liebe zu erteilen verspricht, dann zeigt dies, dass er sich bewusst gegen die Realität stellt und unter dieser Spannung sein heiter-ironisches Spiel mit der Sache treibt, auch auf die Gefahr hin, am ideologischen Überbau des politischen Systems zu rütteln. Die moralische Erneuerung wird durch den „Lehrer des schamlosen Ehebruchs" (*obsceni doctor adulterii; Tristia* II 212) konterkariert – weshalb der Zorn des „Heilsbringers und Friedensfürsten" Augustus verständlich erscheint.
Ovid allerdings war seit dem Erscheinen der „Liebeskunst" Roms berühmtester Dichter. Es gab Büsten von ihm, man trug sein Bild im Siegelring.

4. Der Liebesdichter Ovid im Urteil der Nachwelt

„Jener scheint mir durchaus ein Mann von großem Talent gewesen zu sein, aber zügellos, schlüpfrig und weibstoll, den der Verkehr mit Frauen so ergötzte, dass er darein das höchste Ziel seiner Glückseligkeit setzte. Daher schrieb er die *Liebeskunst*, ein aberwitziges Werk, und, wenn ich mich nicht täusche, die verdiente Ursache seiner Verbannung."

Petrarca, 1356

„Ovids *Liebeskunst* gehört wie Boccaccios *Decamerone*, Chaucers *Canterbury Tales*, Balzacs *Contes drolatiques* ... zu den Werken der Weltliteratur, an die der Durchschnittsleser mit einem Gefühl der Sensation herantritt, weil er sich von ihrer Lektüre einen Nervenkitzel und angenehme sinnliche Erregung verspricht."

Friedrich Walter Lenz, 1969

„Ovid ist mit seinen Liebesgedichten ... in der Geschichte des abendländischen Lebens, Liebens und Leidens, Sinnens und Trachtens, Denkens und Dichtens gegenwärtig ... Er ist der freieste, frechste, respektloseste von seinen Fachgenossen, vielleicht beinahe der Gipfel der Frechheit, jedenfalls ein Meister der wahren, echten, humanen und toleranten Menschenkenntnis."

Hans Erich Troje, 1988

„Ovid war seit dem Mittelalter einer der wirkungsmächtigsten Autoren der Antike. Gewiss haben seine reizvollen Stoffe aus Erotik und Mythologie dazu beigetragen, doch liegt die Ursache vor allem in der poetischen Präsentation und der meisterhaften Beherrschung der lateinischen Sprache ... Dass das 12. und 13. Jahrhundert im Bann Ovids standen, ... kann nicht als abgeschlossene Episode des Nachlebens gelten: Ovids Wirkung ist auch heute nicht erloschen."

Bernhard Kytzler, 1989

„Im 11. und 12. Jahrhundert fand auch Ovids Liebesdichtung Eingang in den Unterricht und wurde von den Klerikern, von Mönchen und Nonnen behandelt, zitiert und abgeschrieben. Das Meisterwerk des Mittelalters, der *Roman de la Rose*, ist ohne den Einfluss des Liebesdichters Ovid nicht denkbar."

Marion Giebel, 1991

„Die Stimme des Dichters, frei und undogmatisch wie sie ist, und seine wohltuend nüchtern und scharfsinnig – ja zuweilen provozierend frech – formulierten Einsichten haben nach zwei Jahrtausenden nichts von ihrer Frische eingebüßt."

Ruth und Michael von Albrecht, 1998

Das Lektüreprojekt

Pompejanisches Wandgemälde aus dem 1. Jh. n. Chr.: Venus und Mars, das Liebespaar im Olymp der Götter, spielen in der *Ars amatoria* eine zentrale Rolle.

Des Dichters Ankündigung: die „Weisheit“ der Venus

Si quis in hoc artem populo non novit amandi,
hoc legat et lecto carmine doctus amet.
Arte citae veloque rates remoque moventur,
arte leves currus: arte regendus Amor.
[...]
Quo me fixit Amor, quo me violentius ussit,
hoc melior facti vulneris ultor ero.
Non ego, Phoebe, datas a te mihi mentiar artes,
nec nos aeriae voce monemur avis,
nec mihi sunt visae Clio Cliusque sorores
servanti pecudes vallibus, Ascra, tuis;
usus opus movet hoc: vati parete perito;
vera canam. Coeptis, mater Amoris, ades!

(Prooemium: *Ars amatoria* I 1-4; 23-30)

Statuette der sandalenlösenden Liebesgöttin Venus, Neapel, Museo Archeologico Nazionale

1. Stellen Sie Wörter und Wendungen zusammen, die nachdrücklich das Thema des Prooemium bestimmen. Wovon will Ovid künden?
2. Aus welchen Begriffen ist zu entnehmen, dass Ovid die Verkündigung seines Themas in Form einer Lehre bieten will?
3. Worauf kann sich der Dichter nicht berufen?
4. Ovid ruft im Prooemium seiner *Metamorphosen* die Musen-Göttinnen an: *Di, coeptis ... adspirate meis!* – Ihr Götter, seid meinem Unterfangen gewogen! Inwiefern liegt auch zu Beginn der *Ars amatoria* eine Art von Musenanruf vor? An wen ist dieser aber gerichtet? Wer allein besitzt also in dem vom Dichter angebotenen Thema die Wahrheit?
5. Wovon distanziert sich Ovid demnach von Anfang an? In welche Richtung lenkt er das Interesse des Lesers? Welcher Ton kommt – gerade wenn er sich trotz allem als *vates* („ehrwürdiger Seher“) bezeichnet – in das Gedicht?

---

hic populus ~ *Rōmānī*, vor allem *cīvēs Rōmae* – **citus:** schnell – **vēlum, -ī:** Segel – **ratis, -is:** Floß, Schiff – **rēmus, -ī:** Ruder – Ⓚ *regendus <est>* – **Amor** ~ Eros: Gott der Liebe

5 Ⓚ *violentius* zu *fīxit* und *iussit* – **quō ... quō ... hōc:** je ..., je ..., desto – **fīgere** (*fīxī*): treffen, verwunden – **violentus:** heftig, stark – **ūrere (ussī):** brennen, verbrennen – **ultor, -ōris (ulcīscī):** Rächer – **Phoebus:** Beiname Apolls, des Gottes der Weissagung und Dichtung – Ⓚ *datās <esse>* – **āerius:** in der Luft schwebend, hoch fliegend – **avis, avis:** Vogel (als Götterbote oder Träger von Weissagungen)

10 Ⓚ *mihi*: Dat. auct. – **Cliō, Cliūs** (griech. Gen.) Klio: eine der neun Musen – **servāre pecūdēs:** Vieh hüten – Ⓚ *<in> vallibus tuīs* – **Ascra, -ae:** Ort in Böotien am Berg Helikon, wo dem Dichter Hesiod die Musen erschienen sind und ihn zu seinem Werk inspiriert haben – **usus, -ūs** m.: Erfahrung – **perītus:** erfahren – **coeptum, -ī:** Vorhaben, Beginnen

Raffael: Der Parnass (Detail), 16. Jh., Rom, Vatikanische Museen, Stanza della Segnatura. Auf dem Ausschnitt ist eine Musengruppe mit Erato, Polyhymnia, Melpomene, Urania und Terpsichore zu sehen.

i

Die Musen

Clio ist eine der neun Musen (zuständig für die Geschichtsschreibung); sie ist hier wohl deshalb genannt, weil sie zu Venus in einem gespannten Verhältnis steht; sie hat nämlich gelacht, als die Göttin sich in den Sterblichen Adonis verliebte. Deren Rache war adäquat: Sie ließ darauf Clio sich in einen gewissen Pieros verlieben, dem sie einen Sohn gebar.

Die Musen sind die neun Töchter des Zeus und der Mnemosyne, der Göttin des Gedächtnisses; sie gelten als die Göttinnen der Harmonie und des Rhythmus, des Gesangs und des Saitenspiels, der dichterischen Begeisterung und der gesamten künstlerischen Produktion. Im Gefolge des Gottes Apoll war es ihre Aufgabe, die Götter beim Mahl auf dem Olymp zu erheitern und zu verherrlichen. Der griechische Dichter Hesiod, der sich am Anfang seines Werkes *Theogonie* („Erschaffung der Götter") von den Musen zum Dichter krönen lässt, hat sie um 700 v. Chr. erstmals mit Namen genannt.

Die Zuordnung der Musen auf die verschiedenen Bereiche der Kunst erfolgte erst in der hellenistischen Zeit (seit etwa 300 v. Chr.).

2 Sei ein kundiger Jäger!

Dum licet et loris passim potes ire solutis,
elige, cui dicas „tu mihi sola places".
Haec tibi non tenues veniet delapsa per auras.
Quaerenda est oculis apta puella tuis.
Scit bene venator, cervis ubi retia tendat,
scit bene, qua frendens valle moretur aper.
Aucupibus noti frutices; qui sustinet hamos,
novit, quae multo pisce natentur aquae.
Tu quoque, materiam longo qui quaeris amori,
ante frequens quo sit disce puella loco.

(*Ars amatoria* I 41-50)

Cupido jagt einen Hasen, pompejanisches Wandgemälde, 1. Jh. n.Chr., Neapel, Museo Archeologico Nazionale

„Du darfst ruhig streicheln."
Karikatur von Peynet

1. Stellen Sie Wörter und Wendungen zusammen, die das Thema des Textes anzeigen. Gliedern Sie den Text.
2. Worauf darf sich der Liebessuchende nicht verlassen? Wozu fordert Ovid ihn auf?
3. Ordnen Sie die Wendungen, die die Kunst des Jagens beschreiben, unter die Oberbegriffe „Jäger" und „Beute". Inwiefern trennt dadurch Ovid die Rollen von Frau und Mann bei der Liebesjagd?
4. Liebe ist durch „Kunst", also unter anderem durch bestimmtes Wissen, zu beherrschen. Welche Wörter im Text zeigen an, dass die „Liebesjagd" durch Wissbegierde gefördert wird?
5. Ist „Liebeskunst" nur „Liebesjagd"? Begründen Sie Ihre Antwort.

---

lōrum, -ī: Zügel – **solvere** h.: lösen, lockern – Ⓚ *lōrīs solūtīs:* Abl. abs. (Bild beim Reiten: „ohne die Zügel strammzuziehen") – **ēligere:** aussuchen – Ⓚ *cui dīcās:* kons. Konj. im Rel.-Satz – **tenuis, -e:** dünn, zart – **aura:** Luftzug, Luft – **dēlābī** (*dēlāpsus sum*): herabgleiten **vēnātor, -ōris:** Jäger – **cerva:** Hirschkuh – **rēte, -is:** Netz – **tendere:** ausspannen – **frendere:** knirschen – **vallis, -is:** Tal – **aper, aprī:** Eber, Wildsau – **morārī** (*morātus sum*): verweilen, sich aufhalten – **aucups, aucupis** (< *avēs capere*): Vogelfänger – **frutex, -icis:** Busch – **sustinēre** h.: hochhalten – **hāmus, -ī:** Angelhaken, Angel – **piscis, -is:** Fisch – Ⓚ Ordne: *quae aquae <ā> multō pisce natentur* („beschwommen werden"): Übersetze freier – **māteria:** Material, Stoff – Ⓚ *longō amōrī:* Dat. fin. – **ante** ~ *anteā* – **frequēns:** häufig, in großer Zahl Ⓚ *puella:* kollektiver Sing. – Ⓚ Ordne: *Ante disce, quō locō puella frequēns sit*

Auch die Frau soll jagen!

So zeige sich dem Volke die Frau, welche auffallend schön ist: / Unter den vielen wird dort einer wohl sein, den sie fängt. / Wo sie auch sei, soll sie bleiben, voll Eifer bedacht zu gefallen. / Soll all ihr Sinnen darauf richten, dass reizvoll sie wirkt. / Zufall regiert überall, wirf die Angel stets aus; / in dem Wasser, wo du's am wenigsten glaubst, dort wird ein Fisch für dich sein. / Oftmals durchirren die Hunde vergeblich die waldreichen Berge. / Und in das Netz geht der Hirsch, ohne dass einer ihn jagt.

(*Ars amatoria* III 421-428, Übersetzung von N. Holzberg)

1. Inwiefern soll auch die Frau im Liebesverhältnis eine Jägerin sein?
2. Worin aber unterscheidet sich ihr Jagdverhalten von dem des Mannes?
3. Inwiefern lässt sich gerade die moderne Partnersuche (Z2) mit einer Jagd vergleichen?
4. In welchem Punkte besteht in der Metapher, die Partnersuche mit einer Jagd gleichsetzt, zwischen der antiken und modernen „Methode" eine frappierende Ähnlichkeit?

Flirt-Maschine geht auf die Jagd

Online-Kontaktbörsen boomen – Flunkern ist Ehrensache

www, das sind unendliche Weiten. Ob Flirts, die große Liebe oder Sportsfreunde – auf der Datenautobahn eröffnen sich neue Wege des Kennenlernens. Auf zahlreichen Websites, die kostenlos Kontaktanzeigen ausstellen, kann man sein Glück versuchen. Eine davon: www. internetflirt.de. Rubriken wie „Sie sucht ihn", „Er sucht sie" lassen jeden die gewünschte Zielgruppe finden. Von Inserenten ausgefüllte Fragebögen werden mit Fotos versehen und für alle Internetsurfer zugänglich gemacht. Eine der Anzeigen ist von Susanne, 22, aus München. Sie will keine Schokolade, sondern einen Mann. Weder Waschlappen noch Macho soll er sein, „sexy und experimentierfreudig". Wer diesen Kriterien glaubt zu entsprechen, darf eine digitale Flirtbotschaft mit beigefügter E-Mail-Adresse an sie senden. Bei ähnlichen Websites fahndet man nach dem Traumpartner wie die Kripo nach einem Verbrecher. Die Profisuche macht's möglich: Größe, Haarfarbe, Alter, Hobbys usw. eingeben und den PC erbarmungslos auf die Jagd schicken. Die brutale Realität macht dem schönen digitalen Schein oft einen Strich durch die Rechnung. Denn im Netz wird gern unter- oder übertrieben. Geflunkert wird nicht nur beim Aussehen, sondern auch bei Charaktereigenschaften ...

So harmonisch verläuft nur selten das erste Treffen zweier Chatpartner.

(Münchner Merkur, März 2000)

3 Rom ist voller bezaubernder Mädchen

Schöne Römerinnen auf einem pompejanischen Wandgemälde, 1. Jh. n.Chr., Neapel, Museo Archeologico Nazionale

Tot tibi tamque dabit formosas Roma puellas,
„haec habet“ ut dicas „quicquid in orbe fuit.“
Quot caelum stellas, tot habet tua Roma puellas:
mater in Aeneae constitit urbe sui.
Seu caperis primis et adhuc crescentibus annis,
ante oculos veniet vera puella tuos;
sive cupis iuvenem, iuvenes tibi mille placebunt:
cogeris voti nescius esse tui;
seu te forte iuvat sera et sapientior aetas,
hoc quoque, crede mihi, plenius agmen erit.

(*Ars amatoria* I 55-56; 59-66)

1. Mit welchen lateinischen Wörtern und Begriffen lässt sich die Überschrift dieses Textes begründen?
2. Inwiefern erfüllt sich für den Geschmack eines jungen Mannes in Rom jede Erwartung?
3. Wie unterscheiden sich die Frauentypen, die Ovid hier aufführt?
4. Welche Bedeutung hat Venus für Rom? Was bewirkt Ovid von Anfang an, indem er sie mit Rom aufs Engste verknüpft? (vgl. dazu den i-Text)

i

Der Kult der Liebesgöttin

Die Verehrung der Göttin Venus reicht im ganzen mediterranen Gebiet bis in die vorgeschichtliche Zeit zurück. In Griechenland war diese Gottheit als Aphrodite bekannt. Erst ab dem 3. Jh. v.Chr. übernahmen die Römer Venus als Schutzherrin der Liebe. Sie ließen den ersten Venus-Tempel 295 v.Chr. erbauen – finanziert von Strafgeldern, die beim Ehebruch ertappte Matrosen bezahlen mussten; sie seien der *libido Veneris* zum Opfer gefallen.
Venus galt als mythische Stammherrin Roms, weil ihr Sohn Aeneas nach der Zerstörung Trojas die Gründung der Stadt durch Romulus ermöglichte. Seitdem kam ihr auch politische Macht zu. Caesar und Augustus führten ihre Herkunft auf sie zurück. Das Liebespaar Mars und Venus avancierte zu den Schutzgottheiten der Hauptstadt des Imperium Romanum.
Venus war allgegenwärtig in der Stadt; zu Ovids Zeit gab es viele *templa Veneris*, jeder war einem anderen Aspekt des Venuskults geweiht. Der Tempel der *Venus Erycina* z.B. war das Heiligtum für Roms Prostituierte.

---

fōrmōsus: von schöner Gestalt, schön, bezaubernd – **quot – tot:** wie viele ... so viele – **māter Aenēae:** Venus, die Mutter des Aeneas – **cōnsistere:** sich hinstellen, sich niederlassen
seu ... sīve ... seu: entweder ... oder ... oder – Ⓚ *prīmīs et crēscentibus annīs*: Abl. zu *capī* (deutet das Alter der Mädchen an) – **adhūc:** noch – **iuvenis, -is** h.: junge Frau (nach römischem Verständnis bis 45 Jahre) – **vōtum, -ī:** Wunsch, Schwarm – **forte** (Adv.): zufällig, vielleicht – **sērus:** spät, reif
agmen, agminis: Zug, Schar

Sir Lawrence Alma-Tadema: The Baths of Caracalla, Ende des 19. Jh.s, Privatsammlung

Auf dem Forum lauert die Venus

Et fora conveniunt (Quis credere possit?) amori
flammaque in arguto saepe reperta foro
subdita qua Veneris facto de marmore templo
Appias expressis aera pulsat aquis:
Illo saepe loco capitur consultus Amori,
quique aliis cavit, non cavet ipse sibi;
illo saepe loco desunt sua verba diserto,
resque novae veniunt, causaque agenda sua est.
Hunc Venus e templis, quae sunt confinia, ridet,
Qui modo patronus, nunc cupit esse cliens.

(*Ars amatoria* I 79-88)

Die lächelnde Venus aus einer hellenistischen Statuengruppe, um 100 v. Chr., Athen, Archäologisches Nationalmuseum

1. Stellen Sie die Wörter und Wendungen zusammen, die das Forum Iulium und das dort tägliche Geschäft beschreiben. Welcher übliche Eindruck soll beim Leser entstehen?
2. Warum muss Ovid seine Schüler überzeugen, dass auch auf einem Forum wie z.B. dem Forum Iulium *Amor* gefunden werden kann.
3. Welche Bereiche sind vom Dichter hier bewusst in Vergleich gesetzt? Inwiefern sind zentrale Begriffe hier doppelsinnig gebraucht?
4. Warum lacht die Venus? Welche Wirkung soll von dieser Szene auf den Leser ausgehen?

Die römischen Foren

In Rom gibt es zu Ovids Zeiten drei Foren: das Forum Romanum, das Forum Iulium und das Forum Augustum. Das Forum Iulium war ein rechteckiger Platz (160 m x 75 m), an drei Seiten von Säulen umgeben. Auf der Rückseite stand der Tempel der *Venus genetrix*, der vom Erbauer zu Ehren seiner Stammgöttin errichtet worden war. Vor diesem Tempel spendete eine Wasserfontäne Kühlung. Mit diesem Forum wollte Caesar das ältere Forum Romanum entlasten. Es ist dann zum Austragungsort der Gerichtsprozesse geworden, die die Großstädter gerne verfolgten.

---

convenīre alcī reī: passen zu etwas – **argūtus:** scharfsinnig (ein Forum, auf dem scharfsinnig argumentiert wird) – **subditus:** darunter gelegen – **quā:** wo – Ⓚ Ordne: *quā Appias templō dē marmore factō Veneris subdita pulsat* – **Appias:** Wassernymphe einer Fontäne – **exprimere:** ausdrücken, emporschleudern – **pulsāre:** schlagen, peitschen – **cōnsultus:** rechtskundig, Jurist – Ⓚ *Amōrī*: Dat. auct. – **cavēre alcī:** sorgen für jdn., sich für jdn. einsetzen – **disertus:** beredet, wortreich – **causam agere:** die Sache vertreten, einen Prozess führen – **cōnfīnis, -e:** benachbart – **patrōnus:** der Schutzherr, Anwalt, Verteidiger – **cliēns, -ntis:** Schützling, Mandant – Ⓚ Erg. *<is> cupit*

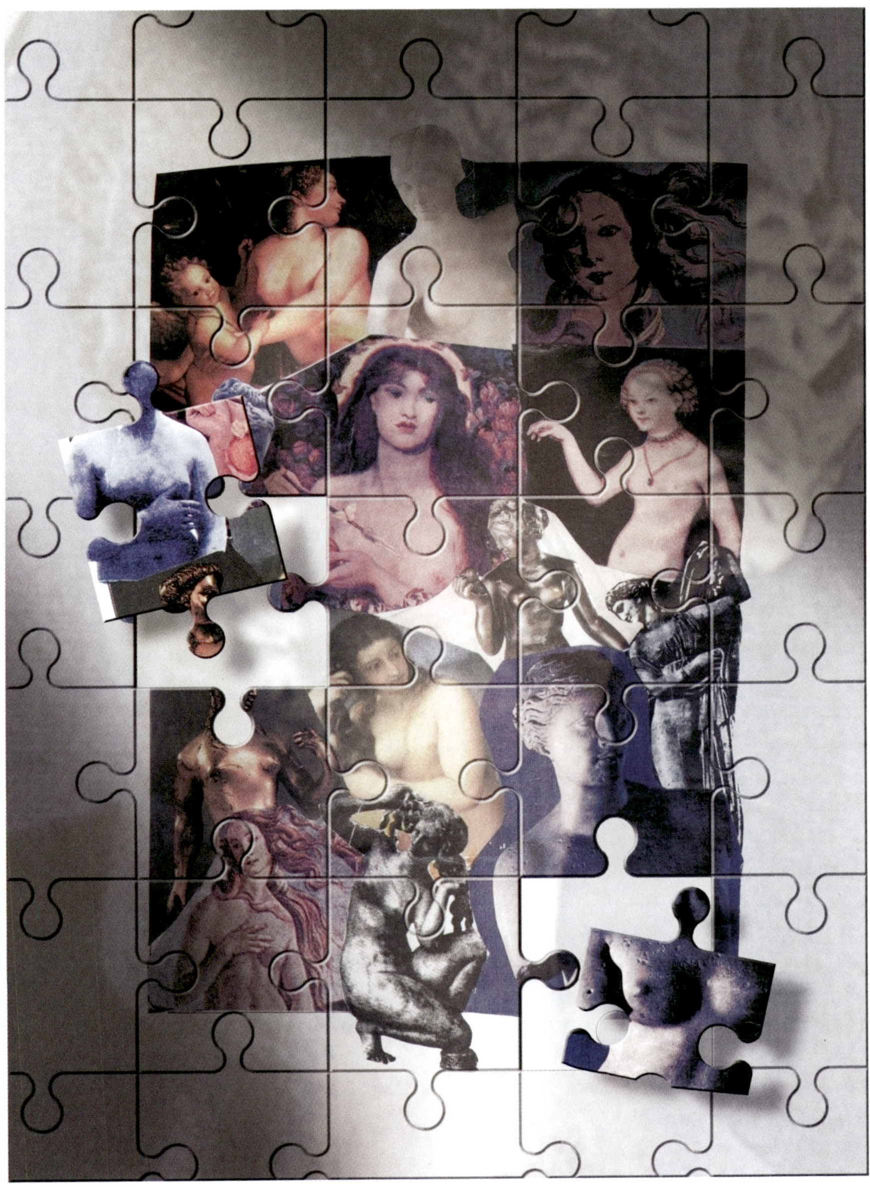

Venus-Collage vom Verfasser (bestehend – von oben links an – aus: Venus von L. Scaramuccia, nordgriechische Venus-Statue, 4. Jh. v. Chr., Venus von Andy Warhol, Venus von Capua, Venus von Rossetti, Venus von Lucas Cranach, Renaissance-Venus mit Apfel, Aphrodite Katapygos, Venus von Weyditz, um 1550, Venus von Tizian, Venus von Botticelli, kniende Venus von Rhodos, Venus von Milo)

Venus und Amor – auch im Mittelalter verehrt

Autograf von Carl Orff

Blanziflor et Helena

Ave formosissima,
  gemma pretiosa,
ave decus virginum,
  virgo gloriosa,
ave mundi luminar
  ave mundi rosa,
Blanziflor et Helena,
  Venus generosa!

Carmina Burana

Im Kloster Benediktbeuern (Bayern) wurde zu Beginn des 19. Jh.s eine Handschrift aus dem 13. Jh. gefunden, die Lieder aus dem Mittelalter, darunter etwa 250 in lateinischer Sprache, enthält. Man nennt diese Lieder deshalb Carmina Burana. Besonders reizvoll sind darunter die Liebes-, Trink- und Spiellieder, die *amatoria, potatoria, lusoria*. Großes Vorbild war für die sogenannten Vaganten, die diese Lieder verfasst haben, der römische Dichter Publius Ovidius Naso; er stand damals hoch im Kurs. 1937 hat der deutsche Komponist Carl Orff in seinen „Carmina Burana" einen Teil der Lieder zu einem Chorwerk arrangiert, das Weltgeltung erlangt hat.

Cour d'amour

Amor volat undique,
captus est libidine.
Iuvenes, iuvencule
coniunguntur merito.
  Siqua sine socio,
  caret omni gaudio,
  tenet noctis infima
  sub intimo
  cordis in custodia:
fit res amarissima.

Blanziflor: *Blanchefleur*, mittelalterliche Romanfigur: die schöne Tochter eines christlichen Kriegsgefangenen, in die sich der spanische Königssohn *Florer* verliebt – **fōrmōsus** (*fōrma*): anmutig, schön – **gemma, -ae:** Edelstein – **pretiōsus** (*pretium*): wertvoll – **lūminar** (*lūmen*): Licht, Leuchte – **generōsus** (*genus*): adelig, vornehm, edel

iuvencula: junges Mädchen, Jungfrau; *iuvencule ~ iuvenculae* – Ⓚ *sīqua <puella> sine sociō <est>* – **tenēre** h.: erfassen, erleben – **īnfima:** das Tiefste, die Tiefe – **sub intimō:** tief drinnen – **custōdia** (*custōs*): Wache, Haft – **amārus:** bitter

HAP Grieshaber: Venus, Farbholzschnitt zu Carl Orffs Vertonung „Blanziflor und Helena“, 1965

1. Welchen Unterschied in der äußeren Form stellen Sie zu Ovids Gedicht fest?
2. Suchen Sie Wörter und Begriffe, die auch bei Ovid begegnen könnten.
3. Wie werden Venus und Amor in beiden Gedichten bewertet? Was könnte der Grund dafür sein?
4. Welche Deutung gibt Grieshaber der Venus-Gestalt?

5 Bestes Jagdterrain: das Theater

Sed tu praecipue curvis venare theatris:
  haec loca sunt voto fertiliora tuo.
Illic invenies quod ames, quod ludere possis,
  quodque semel tangas, quodque tenere velis.
Ut redit itque frequens longum formica per agmen,
  granifero solitum cum vehit ore cibum,
aut ut apes saltusque suos et olentia nactae
  pascua per flores et thyma summa volant.
Sic ruit ad celebres cultissima femina ludos.
  Copia iudicium saepe morata meum est.
Spectatum veniunt, veniunt spectentur ut ipsae.
  Ille locus casti damna pudoris habet.

(*Ars amatoria* I 89-100)

1. Weshalb empfiehlt Ovid seinem Schüler die „Jagd“ im Theater? Nach welchen Kriterien wird die „Beute“ unterschieden? Welches Stilmittel wendet der Dichter dabei an?
2. Was will Ovid durch den Natur-Vergleich (v. 5-9) verdeutlichen? Was ist dabei der springende Punkt?
3. *Spectatum veniunt, veniunt spectentur ut ipsae.* Analysieren Sie v. 11 nach syntaktischen und stilistischen Gesichtspunkten. Warum ist der Vers geradezu dafür geschaffen, sich zu einem geflügelten Wort zu verselbständigen?
4. Welche Gefahr erkennt sogar Ovid im Zauber dieses Ortes? Meint er dies ernst? Begründen Sie Ihre Antwort.

Das Colosseum, Roms größtes Amphitheater

---

vōtum, -ī: Wunsch – **fertilis, -e:** fruchtbar, ergiebig – Ⓚ *vōtō tuō*: Abl. comp. – **illīc:** dort – **lūdere alqd:** necken, flirten mit etwas – **semel:** einmal

5 **frequēns, -ntis:** häufig, in großer Zahl (präd. verwendet) – **formīca:** Ameise – **grānifer, -ī** (*grānum; ferre*): Körner tragend – **cibus:** Speise, Nahrung – **apis, -is:** Biene – **saltus, -ūs:** Waldtal – **olēre:** riechen, duften – **nancīscor** (*nactus sum*): erreichen, erlangen – **pāscua, -orum:** Weideland – **flōs, -ris:** Blume – **thymum, -ī:** Thymian; *summa thyma*: die (obersten Teile) Blüten des Thymians – **volāre:** fliegen – **ruere:** stürzen – **celeber, -bris:** viel besucht, belebt – **cultus:** aufgeputzt, gepflegt – Ⓚ *cultissima femina*: kollektiver Sing.

10 **morārī alqd** h.: behindern etwas – Ⓚ *spectātum*: finales Supinum zu *spectāre* (~ *ut spectent*) – **castus:** keusch, sittsam – **damnum, -ī:** Schaden – **pudor, -ōris:** Scham, Schamgefühl – Ⓚ *castī pudōris*: Gen. obiect.

Cultissimae feminae. Links: Kaiserzeitliches Frauenporträt, Rom, Kapitolinisches Museum. Rechts: Sophia Loren, italienische Filmschauspielerin

i

Theater in Rom

Das Theater war – anders als das runde oder ovale Amphitheater – halbkreis- oder hufeisenförmig angelegt, mit ansteigenden Sitzreihen, ursprünglich aus Holz, später aus Stein erbaut. Es hatte in der Regel ein Fassungsvermögen für ca. 10 000 Zuschauer. Der Zuschauerraum war nicht überdacht. In Rom gab es zur Zeit Ovids drei viel besuchte Theater: das Pompeius-Theater (mit ca. 27 000 Sitzplätzen), das Balbus-Theater (mit ca. 7 700 Sitzplätzen) und das Marcellus-Theater (mit ca. 14 000 Sitzplätzen).
Das Theater gehörte in Rom zu den meistbesuchten Stätten der Unterhaltung; bei solchen Massenveranstaltungen stand allerdings weniger das aufge-

Rekonstruktion des Marcellus-Theaters in Rom

führte Theaterstück (Tragödie oder Komödie) im Mittelpunkt, dessen Inhalt man ohnehin kannte, viel mehr Bedeutung kam dem gesellschaftlichen Ereignis zu. Da konnte man sich mit hohem Ansehen oder gutem Aussehen der Öffentlichkeit präsentieren – und vielleicht auch erwünschte Bekanntschaften machen.

Johann Wolfgang von Goethe:
Wozu Theaterbesuch?

(Der Theaterdirektor zum Dichter:)

Man eilt zerstreut zu uns, wie zu den Maskenfesten.
Und Neugier nur beflügelt jeden Schritt:
Die Damen geben sich und ihren Putz zum Besten
Und spielen ohne Gage mit.
Was träumet Ihr auf Eurer Dichterhöhe?
Was macht ein volles Haus Euch froh?
Beseht die Gönner in der Nähe!
Halb sind sie kalt, halb sind sie roh.
Der, nach dem Schauspiel, hofft ein Kartenspiel.
Der eine wilde Nacht an einer Dirne Busen.

(*Faust I*, Vorspiel auf dem Theater, v. 117-126)

„Was seid ihr Männer doch für Schufte!", Karikatur von Peynet

Wo sich Frauen sehen lassen sollen

Geht zum Palatium auch, dem belorbeerten Phoebus heilig / – der Parätoniums Kiel jüngst in die Fluten versenkt. / Geht zu den Werken gesamt, die die Schwester und Gattin des Fürsten / und, den des Seesiegs Preis kränzet, sein Eidam erbaut. / Geht zur memphitischen Kuh weihrauchumdampften Altären, / geht ins Theater und wählt Plätze, wo jeder euch sieht. / Sehet dem Kampfspiel zu, wo der Sand sich vom rauschenden Blut färbt. / Seht, wie das glühende Rad hastig sich schwenkt um das Ziel. / Was sich verbirgt, kennt niemand, und was man nicht kennt, das entzückt nicht; / kann dir ein schönes Gesicht nützen, wenn keiner es sieht?

(*Ars amatoria* III 389-398)

1. Was unterstellt Goethe den Damen und Herren?
2. Womit begründet Ovid in Z2 die Initiative der Frau bei der Partnersuche?

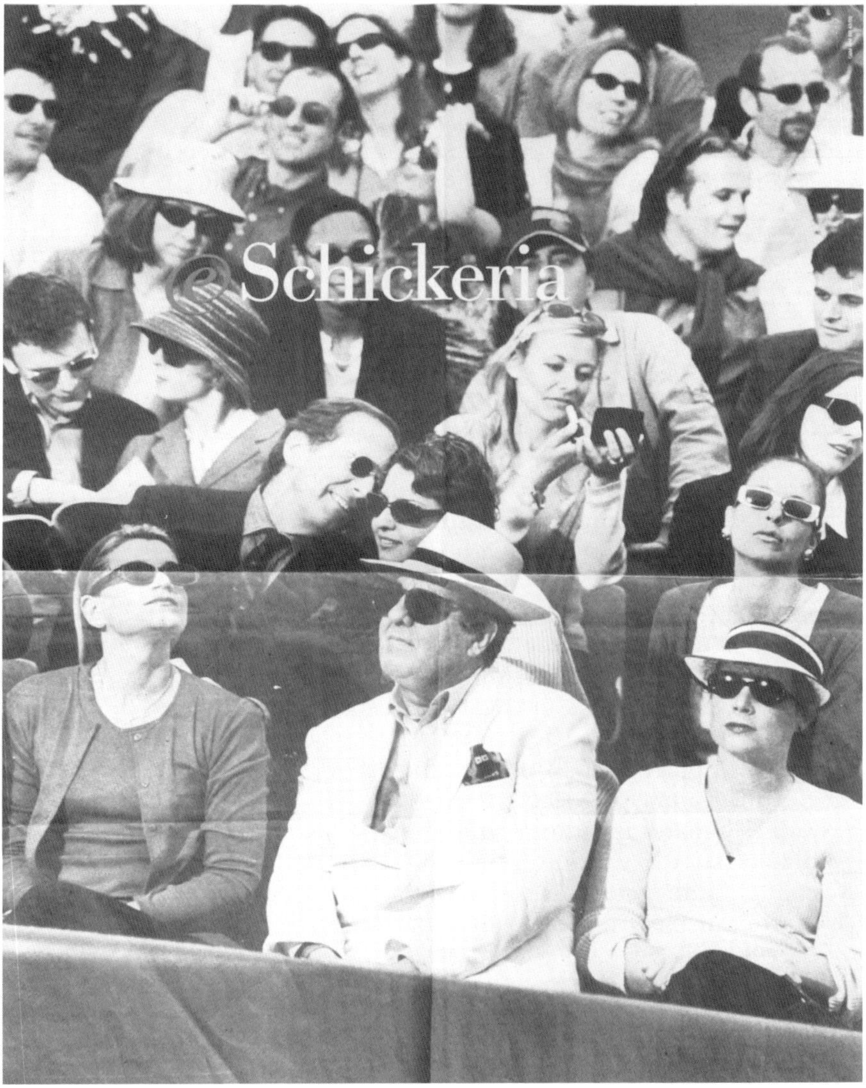

Schickeria

„Spectatum veniunt, veniunt spectentur ut ipsae."

1. Wo und bei welchen Anlässen trifft sich heutzutage die „hohe Gesellschaft"? Nennen Sie markante Beispiele.
2. Welche lateinischen Ausdrücke und Wendungen aus Text 5 passen auf das abgebildete Szenario?

6 Roms Vorbild: der Raub der Sabinerinnen

Du hast den Anfang gemacht, Romulus, dass es bei den Spielen unruhig zuging, / als die geraubten Sabinerinnen den frauenlosen Männern Lust brachten. / Damals hingen weder Tücher über dem marmornen Theater, / noch war das Brettergerüst mit flüssiger Krokusessenz rot gefärbt. / Dort war nur das Laub, das auf dem waldigen Palatium gewachsen war, / einfach angeordnet, die Bühne kunstlos. / Auf Stufen aus Rasenstollen saß das Volk, / das erstbeste Laub umkränzte struppiges Haar. / Sie drehen sich um, und jeder nimmt das Mädchen aufs Korn, / das er haben will, und bewegt wortlos viele Gedanken in der Brust ...

(*Ars amatoria* I 101-110)

In medio plausu – plausus tunc arte carebant –
  rex populo praedae signa repente dedit.
Protinus exiliunt, animum clamore fatentes,
  virginibus cupidas iniciuntque manus.
Ut fugiunt aquilas, timidissima turba, columbae,
  utque fugit visos agna novella lupos:
Sic illae timuere viros sine lege ruentes.
  Constitit in nulla, qui fuit ante, color.
Nam timor unus erat, facies non una timoris:
  Pars laniat crines. Pars sine mente sedet.
Altera maesta silet. Frustra vocat altera matrem.
  Haec queritur, stupet haec; haec manet, illa fugit.
Ducuntur raptae, genialis praeda, puellae,
  et potuit multas ipse decere timor.
Si qua repugnarat nimium comitemque negarat,
  sublatam cupido vir tulit ipse sinu,
atqua ita „Quid teneros lacrimis corrumpis ocellos?
  Quod matri pater est, hoc tibi“ dixit „ero“.

(*Ars amatoria* I 113-130)

Giambologna: Der Raub der Sabinerinnen,
16. Jh., Florenz, Loggia dei Lanzi

---

plausus, -ūs: Beifall – **prōtinus:** sofort – **exilīre:** aufspringen – **fatērī** h.: äußern, zeigen – **inicere** h.: anlegen

aquila: Adler – **timidus** (*timere*): furchtsam – **columba:** Taube – **agnā:** Lammweibchen – **novellus** (Deminutivum zu *novus*): ganz neu, jung – **lupus:** Wolf – **ruere:** eilen, stürzen – **timuēre** ~ *timuērunt* – **cōnsistere** h.: bleiben – **color, -ōris** m.: (Gesichts-)Farbe – **faciēs, -eī:** Anblick, Erscheinung

laniāre: zerreißen, zerraufen – **crīnis, -is** m.: Haar – **maestus:** traurig, betrübt – **silēre:** schweigen – **frūstrā:** vergeblich – **stupēre:** betäubt sein, starr sein – **geniālis:** „dem Genius geweiht“, ehelich – **decēre:** zieren

repūgnāre: Widerstand leisten; *repūgnārat* ~ *repūgnāverat* – **nimium** (Adv.): allzu sehr – **tollere (sustulī, sublātum)** h.: aufheben, hochheben – **sinus, -ūs:** Busen, Brust, Schoß – Ⓚ*cupidō sinū*: Abl. instr. – **tener, -era, -erum:** zart, fein – **ocellus:** Deminutivum zu *oculus*

1. Auch in der Vorzeit erfolgt die „Annäherung“ der Römer an die Frauen im Theater. Wie aber vollzog sie sich damals? Warum führt Ovid gerade diesen Fall als Beispiel an?
2. Welche sprachlichen Mittel setzt Ovid ein, um dieses Ereignis möglichst eindrucksstark den Lesern zu vermitteln? Gliedern Sie den lateinischen Text v. 1-18.
3. Stellen Sie Wörter und Wendungen zusammen, die die Reaktionen der Frauen auf den Angriff der Männer kennzeichnen. Welches Bild entsteht?
4. Welchen Zug bekommt der Gewaltakt durch die Äußerung des Römers am Ende?
5. Ovid begründet mit Hilfe der Sage vom Raub der Sabinerinnen, warum sich das Theater als Jagdterrain für einen Liebenden gut eignet. Wie beurteilen Sie dies?
6. Welche Textstelle hat der Renaissancekünstler Giambologna direkt in seiner Skulptur umgesetzt?
7. Worin erkennen Sie die Übereinstimmung, worin den Unterschied in der Darstellung der Raub-Szene zwischen Huths Zeichnung und Ovids Text?
8. Was unterscheidet die Stoffbearbeitung in Z1 von der Ovids? Wie lässt sich der Unterschied begründen. Wie beurteilen Sie ihn?

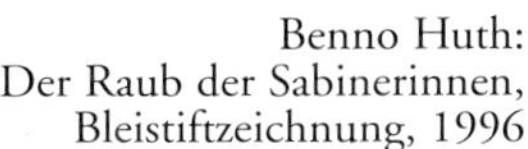

Benno Huth:
Der Raub der Sabinerinnen,
Bleistiftzeichnung, 1996

Eugen Roth: Ein Ruhmesblatt der Weltgeschichte?

In Rom war'n Frauen anfangs rar,
denn jenes erste Zwillingspaar,
von dem die Stadt, so sagt man, stamme,
hatt' eine Wölfin nur zur Amme.
D'rum musste man durch Raub gewinnen
die nötigen Sabinerinnen.
Es klingt ja zwar ein bisschen roh,
doch heut' wär' manch Mutter froh,
käm' so ein Römer nur und möcht' er
doch endlich rauben ihre Töchter.

(Eugen Roth, Die Frau in der Weltgeschichte, 1966, S. 29)

Titus Livius: In Rom herrschte Mangel an Frauen

Jetzt war der römische Staat schon so stark, dass er jedem beliebigen Nachbarvolk im Krieg gewachsen war; indessen konnte diese Stärke aus Mangel an Frauen nur ein Menschenalter lang dauern, hatten sie doch weder Hoffnung auf Nachkommenschaft im eigenen Haus, noch gab es Heiraten mit den Nachbarn. Da schickte Romulus auf Rat der Väter Gesandte zu den Völkerschaften ringsum, die Bündnis und Ehevertrag mit dem neuen Volk erreichen sollten; [...]

Nirgends hörte man die Botschaft mit Wohlwollen, so sehr verachteten und fürchteten die Nachbarn die in ihrer Mitte aufstrebende Macht.

Die römische Jungmannschaft nahm das übel auf, und die Sache fing an, sich sehr deutlich der Gewalt zuzuneigen. Um dieser nach Ort und Zeit Bahn zu schaffen, setzt Romulus mit Absicht feierliche Spiele an. Dann heißt er, den Nachbarn das Schauspiel anzuzeigen; mit dem größten Aufwand, den man damals kannte und zu leisten vermochte, um die Angelegenheit glänzend und spannend zu machen, richten sie das Fest aus.

Viele Menschen strömten zusammen, auch aus Begierde, die neue Stadt zu sehen, vor allem die zunächst Wohnenden: die Caeninenser, Crustuminer, Atemnaten: bald auch eine ganze Menge Sabiner mit Kindern und Frauen [...]

Als die Zeit des Schauspiels kam und ihre Sinne wie ihre Augen darauf gerichtet waren, brach wie verabredet Gewalt aus, und auf ein gegebenes Zeichen sprengt die römische Jungmannschaft auseinander, um Jungfrauen zu rauben. Ein Großteil wurde aufs Geratewohl geraubt, in wessen Hände gerade eine gefallen war, ein paar von besonders gefälliger Erscheinung – den Führern der Väter bestimmt – schafften Leute aus dem Pöbel, die dazu den Auftrag hatten, in deren Häuser [...]

Picasso: Der Raub der Sabinerinnen, Boston, Museum of Fine Arts

Nachdem das Schauspiel so durch Einschüchterung gestört ist, flüchten die Eltern der Geliebten voll Kummer, klagen laut über die Verletzung des Gastrechts und rufen den Gott an, zu dessen Feier und Spielen sie gekommen seien, wider Treu und Glauben getäuscht.

Auch unter den Geraubten war die Hoffnung bezüglich der eigenen Lage nicht größer und die Entrüstung nicht geringer. Indessen ging Romulus selbst herum und suchte sie zu belehren, es sei dies wegen ihrer Väter Stolz geschehen, die ihren Nachbarn die Eheverbindung verweigert hätten; sie seien jedoch Ehefrauen und würden alle Güter, auch das Bürgerrecht und – was dem Menschengeschlecht das Teuerste sei – die Kinder in der Ehegemeinschaft mitbesitzen; sie sollten also ihren Zorn sänftigen und denen, welchen das

Schicksal ihre Leiber überantwortet, auch ihre Herzen schenken; schon oft sei aus Unrecht später Einverständnis entstanden, sie würden auch umso bessere Ehemänner haben, als jeder sich nach seinem Vermögen anstrengen werde, ihre Sehnsucht nach Eltern und Heimat – sobald er einerseits seine Pflicht erfüllt habe – ebenfalls zu stillen. Hinzu kamen die Schmeicheleien der Männer, die ihre Tat mit heißer Verliebtheit entschuldigten: Bitten, die auf das weibliche Gemüt besonders starken Eindruck machen.

(Livius, *Ab urbe condita* 1,9)

Livius

Titus Livius war ein Autor, der in der Zeit des Augustus (59 v. Chr. - 17 n. Chr.) sein 142 Bücher umfassendes Geschichtswerk *Libri ab urbe condita* schrieb; der Großteil davon ist verloren gegangen.

Livius erlebte in seiner Jugend den Todeskampf der Republik und den Übergang des Staates in die Herrschaftsform des Prinzipats, also in die Monarchie. Sein die Geschichte Roms von der Königszeit über die Republik bis zur Kaiserzeit umfassendes Werk stellt vor allem die dramatischen Höhepunkte eindrucksstark dar. Die Sympathie des Autors galt den frühen Epochen, deren Wertvorstellungen er verherrlichte und zum Maßstab erhob. Sein Blick in die Vergangenheit war verklärt, seine Hoffnung, Augustus werde die alte *res publica libera* wiedereinführen, wurde enttäuscht.

„Krieg – Frauen"

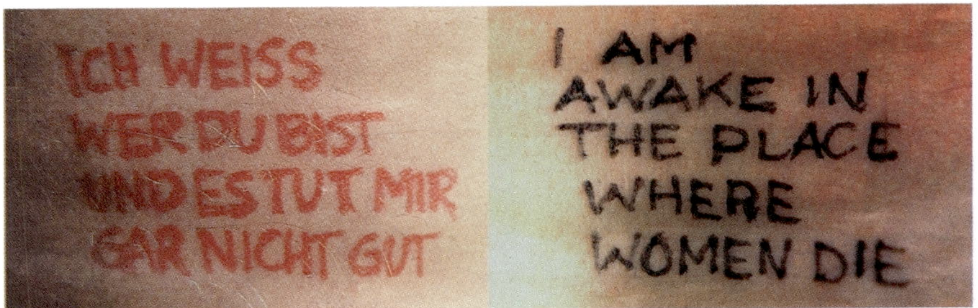

Jenny Holzer 1993

1. In welcher Absicht stellt Livius den Raub der Sabinerinnen dar, in welcher Ovid? Ziehen Sie zur Beantwortung den Informationstext heran.
2. Welche Assoziationen stellen sich bei Ihnen ein, wenn Sie die Begriffsverbindung „Krieg – Frauen" hören oder lesen?
3. Die amerikanische Künstlerin Jenny Holzer verarbeitet dieses Thema in einem Zyklus von Text-Gemälden, von denen oben zwei abgedruckt sind; sie äußert dazu: „Ich hoffe, dass in den Texten der seelische Schmerz spürbar wird, den ich ausdrücken wollte." Worüber empfindet sie Schmerz? Inwiefern stehen Ovids Verse über den „Raub der Sabinerinnen" der Aussageintention Holzers näher als der Text des Livius?

7 Treffpunkt Circus

Marc Chagall: Im Zirkus

Nec te nobilium fugiat certamen equorum:
  multa capax populi commoda Circus habet.
Nil opus est digitis, per quos arcana loquaris,
  nec tibi per nutus accipienda nota est.
Proximus a domina nullo prohibente sedeto;
  iunge tuum lateri, qua potes, usque latus.
Et bene, quod cogit, si nolit, linea iungi,
  quod tibi tangenda est lege puella loci.
Hic tibi quaeratur socii sermonis origo
  et moveant primos publica verba sonos:
cuius equi veniant, facito, studiose requiras,
  nec mora: quisquis erit, cui favet illa, fave!
At cum pompa frequens caelestibus ibit eburnis,
  tu Veneri dominae plaude favente manu.

(*Ars amatoria* I 135-148)

1. Worin soll Ovids Schüler die Vorteile des Circusbesuches erkennen?
2. Warum ist dort die Chance, „eine Frau zu erobern", am größten?
3. Mit welchen stilistischen Mitteln unterstützt der Dichter seine Beschreibung der Möglichkeiten, die sich dort durch die Situation bieten?
4. Sind die Ratschläge, die Ovid hier dem Schüler gibt, auch heute noch anwendbar? Begründen Sie Ihre Antwort.
5. Worin liegt die Ironie in dieser Begründung des Ratschlags an die Frauen im folgenden Zusatztext?

Z

Auch die Frau soll zum Pferderennen!
Ovid rät den Frauen, Haus und Mann zu entfliehen und in den Circus zu gehen; dort finden sie die gewünschten Liebesabenteuer:

Was kann der Wächter schon tun, da so viele Theater in Rom sind,
da jene doch gern die Pferde beim Rennen betrachtet?

(*Ars amatoria* III 633 f.)

---

certāmen, -inis (*certāre*): Wettstreit, Wettkampf – **capax, -ācis** (*capere*) **alcs reī:** fassungsfähig, geräumig für – **commodum, -ī:** Vorteil – **nīl** ~ *nihil*; Ⓚ adv. Akk. („keineswegs") – **opus est alqā rē:** es ist etwas nötig, man braucht etwas – **arcānus:** geheimnisvoll, geheim – **nūtus, -ūs:** Kopfnicken, Wink – **nota** (*nōscere, nōtus*): Zeichen
proximus a: ganz nahe bei – Ⓚ *nūllō prohibente*: Abl. abs. – **iungere:** verbinden, h.: drücken – **latus, -eris:** Flanke, Schenkel – **quā:** wie, soweit – **ūsque** (Adv.): ununterbrochen – Ⓚ Ordne: *Iunge ūsque latus <tuum> laterī <eius>, quā potes* – Ⓚ Erg. *bene <est>* – **quod** (fakt.): dass – **līnea:** Schranke, Barriere, Markierung; (zwischen den Sitzreihen im Theater oder Circus) – **iungī** (mediale Bedeutung): sich zusammendrücken, sich zusammendrängen – **lēx, lēgis:** Regel; Ⓚ Verb. *lēge locī* – Ⓚ *tibi*: Dat. auct. – **socius** h. Adj.: gesellig, vertraut
pūblicus: allgemein, üblich – **sonus:** Klang, Wort, Äußerung – Ⓚ *facitō <ut> ... requīrās* – **studiōsus** (< *studium*): angestrengt, eifrig – Ⓚ *nec mora <sit>* – **favēre alcī:** seine Gunst zeigen, zuklatschen jdm. – **pompa:** (Fest-)Zug – **frequēns, -ntis:** zahlreich – **caelestēs, -ium:** Götter (-bilder) – **eburn(e)us:** aus Elfenbein – Ⓚ *caelestibus eburneīs*: Abl. sociativus („mit ...")

1

Atmosphäre beim Wagenrennen

Der Kulturhistoriker Jerôme Carcopino über das Treiben an einem Renntag: „Das Publikum geriet schon in Entzücken, ehe das Rennen überhaupt begann. Erwartungsvoll musterte jeder das Gespann, dem seine besondere Zuneigung galt. In der überfüllten *cavea* schwirrten die Gespräche zwischen Nachbarn und Nachbarinnen hin und her. Eng standen alle aneinander gedrängt und beredeten lebhaft die Hoffnungen und Aussichten. Das Gedränge beim Eintritt, bei dem der Zufall die Menschen mischte, bot mancherlei Reiz: für die Schönen, die nach einem Mann trachteten, und für die latin-lovers, die nach Abenteuern Ausschau hielten. Schon zur Zeit der Republik machte eine schöne junge Frau, deren Ehe geschieden war, während der Spiele ihr Glück, Valeria, die Schwester des Orators Hortensius. Sie zupfte Sulla einen Faden aus der Toga, um an seinem unfehlbaren Glück teilzunehmen, und wurde die letzte Liebe des Diktators. Fieberhafte Begeisterung ergriff das Publikum, wenn die ersten Staubwolken unter den Rädern der Wagen aufstiegen. Bis zum Ende der letzten Runde zitterten die Zuschauer vor Hoffnung und Furcht, Spannung und Leidenschaft. Das Herz drohte auszusetzen. Welch ein Aufatmen, wenn die Grenzpfähle unfallfrei umrundet waren."

2

Der Circus Maximus in Rom

Es gab in Rom drei Circus-Bauten: den Circus Flaminius, 221 v. Chr. vom Censor Flaminius Nepos erbaut (400 m lang, 260 m breit), den Circus Gai, von Kaiser Caligula im 1. Jh. n. Chr. erbaut (180 m lang, 90 m breit), und den Circus Maximus (600 m lang, 200 m breit).

Der Circus Maximus war der älteste Bau. Er lag in einer Bucht des Murcia-Tals, im Norden vom Palatin, im Süden vom Aventin begrenzt. Die Zuschauerräume befanden sich auf den Hügeln. Die Bahn war 568 m lang, ihre Breite betrug teils 84, teils 87 m.

Der Circus Maximus fasste über 250.000 Zuschauer. Es wurden bis zu 100 Rennen am Tag durchgeführt. Der erste Rang der Sitzreihen war aus Stein, die oberen Ränge waren aus Holz. Die Plätze wurden durch Linien (*lineae*) gekennzeichnet. Sie waren mit geringen Zwischenräumen markiert, sodass es, selbst wenn man innerhalb seiner Sitzplatzbegrenzung saß, unmöglich war, den Nachbarn nicht zu berühren. Die Circus-Spiele wurden durch eine Prozession vom Kapitol zum Circus Maximus eröffnet, an deren Ende die Bilder der einzelnen Götter mitgetragen wurden.

Treffpunkt heute: Die Loveparade. Über eine Million Menschen bewegen sich alljährlich in Berlin zu Techno-Klängen.

8 Chancen beim Symposion – Aber prüfe sie bei Tag!

Dant etiam positis aditum convivia mensis:
  est aliquid praeter vina, quod inde petas.
Vina parant animos, faciuntque caloribus aptos:
  cura fugit multo diluiturque mero.
Tunc veniunt risus, tum pauper cornua sumit,
  tum dolor et curae rugaque frontis abit.
Tunc aperit mentes aevo rarissima nostro
  simplicitas, artes excutiente deo.
Illic saepe animos iuvenum rapuere puellae,
  et Venus in vinis, ignis in igne fuit.
Hic tu fallaci nimium ne crede lucernae:
  iudicio formae noxque merumque nocent.
Luce deas caeloque Paris spectavit aperto,
  cum dixit Veneri „vincis utramque, Venus."

(*Ars amatoria* I 229-230; 237-248)

Römisches Gelage, pompejanisches Wandgemälde, 1. Jh. n.Chr.

1. Welches Wort ist im Text vorherrschend? Stellen Sie Begriffe und Wendungen zusammen, die auf die Wirkung des damit Bezeichneten schließen lassen.
2. Inwiefern eröffnen sich dabei Chancen für den Liebe Suchenden? Mit welchem Bild drückt dies Ovid sehr drastisch aus?
3. Wovor aber warnt der Dichter seinen Schüler?
4. Was soll die Erwähnung des Paris in diesem Zusammenhang bewirken? Welche Funktion hat schon zu Ovids Zeit diese mythische Geschichte?
5. Informieren Sie sich in einem Lexikon über das Parisurteil. Welche Rolle spielt es im Haupttext?

---

aditus, -ūs (*adīre*): Zugang, Möglichkeit – **convīvium, -ī:** Gastmahl, Gelage (griech.: symposion) – Ⓚ Erg. zu *faciunt aptōs <animōs>* – **calor, -ōris:** Wärme, Hitze, Liebesglut – **aptus:** passend, geeignet – **dīluere:** wegspülen – **mērum, -ī:** der (unvermischte) Wein (normalerweise wurde der Tischwein mit Wasser vermischt, damit er keine so starke Wirkung hatte)
rīsus, -ūs (*rīdēre*): Gelächter, Lachen – **cornua sūmere:** „Hörner gewinnen", Mut fassen (Metapher) – **rūga:** Falte, Runzel – **frōns, -ntis:** Stirn – **aevum, -ī:** Zeit; Ⓚ *aevō nostrō*: Abl. temp. (gemeint ist Ovids Lebenszeit) – **simplicitās, -ātis:** Einfachheit, Aufrichtigkeit – **ars, artis** h.: Künstelei, Verstellung, Intrige – **excutere:** vertreiben – Ⓚ Erg. *deō <vīnī>* – **rapuēre** ~ *rapuērunt*
fallāx, -ācis (< *fallere*): trügerisch, täuschend – **nimium** (Adv.): zu sehr – **lucerna:** Öllampe, Leuchte – **fōrma:** Gestalt, Schönheit – **lūx, lūcis:** Licht – **deae:** Venus, Juno, Minerva – Ⓚ *caelō apertō*: Nom. Wendung im Abl. (modal)

Lorenzo da Ponte / W. A. Mozart: Wallung des Blutes

Treibt der Champagner das Blut erst im Kreise,
dann gibt's ein Leben, herrlich und frei!
Artige Mädchen führst du mir leise
nach deiner Weise zum Tanzen herbei.

(Champagnerarie aus der Oper *Don Giovanni*)

Schönheitskonkurrenz,
Karikatur von Michael Heinrich

Was macht kopflos? Wein oder Liebe?

Wenn also des Bacchus Gabe vor dir aufgetischt steht und die Frau das Polster mit dem Manne teilt, bete zu Vater Nyktelios und den nächtlichen Weihen, dass sie den Wein deinem Kopfe nicht schaden lassen. Hier kannst du vieles unter Andeutungen versteckt sagen, sodass sie merkt, es werde für sie gesagt. [...] Du musst der Erste sein, der den von des Mädchens Lippen berührten Becher ergreift, und wo das Mädchen trinken wird, da sollst auch du trinken. [...] Trunkenheit schadet, wenn sie wirklich ist; wird sie vorgetäuscht, so wird sie helfen. Halte deine Zunge nicht im Zaume und lass sie listig lallende Worte stammeln. Man soll glauben, was du über das Maß hinaus verwegen tust oder sagst, sei durch starken Weingenuss verursacht.

(*Ars amatoria* I 565-600)

Wie beurteilen Sie diesen Rat Ovids an seinen Schüler?

Jugoslav Vlahovic: Venus von Milo
mit kopflosem Liebhaber, 1978

9 Des Liebeslehrers Angebot: die Kunst der Eroberung

Hactenus, unde legas, quod ames, ubi retia ponas,
  praecipit imparibus vecta Thalia rotis.
Nunc tibi, quae placuit, quas sit capienda per artes
  dicere praecipuae molior artis opus.
Quisquis ubique, viri, dociles advertite mentes,
  pollicitisque favens vulgus adeste meis.

(*Ars amatoria* I 263-268)

1. Mit welchen Wörtern und Wendungen beschreibt Ovid hier die Partnersuche? Inwiefern kann man dabei von einer Steigerung (Klimax) sprechen?
2. Was bedeutet es, wenn sich hier Ovid als Autor selbst zu Wort meldet? Welche Erzählperspektive kommt in den Text? An welcher Stelle des Gesamtwerkes könnte dieser Passus stehen?
3. Inwiefern kann Ovid den nun folgenden Teil seines Werkes als *praecipuae artis opus* bezeichnen? Was erwartet er dabei von seinen Lesern?

Umarmung, Flachrelief aus dem 15. Jh., Venedig, Palazzo Ducale

---

hāctenus (Adv.): bis hierher – **legere** h.: auswählen – **rētia pōnere:** die Netze auslegen – **impār, imparis:** ungleich – **Thalīa:** Muse der komischen Dichtkunst, des Lustspiels und der leichten Dichtung – **rota:** Rad – **imparibus rotīs vehī:** auf ungleichen Rädern daherfahren (bildhafter Ausdruck für das elegische Versmaß, in dem auf den längeren Hexameter ein kürzerer Pentameter folgt); Ⓚ Analysehilfe:

Hactenus — praecipit *imparibus* vecta Thalia *rotis*
unde legas, — ubi retia ponas,
quod ames

Ⓚ Ordne: *Nunc opus praecipuae artis mōlior dīcere, quās per artēs sit capienda <ea> quae tibi placuit.* – **praecipuus:** außerordentlich, besonderer – **mōlīrī alqd:** beabsichtigen etwas, sich machen an etwas

quisquis: wer immer, Ⓚ *quisquis … <est>* – **docilis, -e** (*docēre*): gelehrig, lernwillig – **advertere:** zuwenden – **pollicitum, -ī:** Versprechen – Ⓚ *favēns vulgus*: prädikativ – **adesse alcī reī:** zugegen sein bei etwas, teilhaben an etwas

i

Zeus – Urbild des antiken Liebhabers

Das Vorbild des amourösen Eroberers war in der Antike der griechische Gott Zeus / Jupiter. Als mächtigster Gott richtete Zeus nicht nur in Streitigkeiten unter den Göttern, er griff auch in das Geschehen auf der Erde ein. Deshalb wurde er von den Menschen auch als Gottvater verehrt. Zeus wurden viele Liebesbeziehungen nachgesagt, aus denen zahlreiche Kinder hervorgegangen sind. Nach seiner Ehe mit Metis hatte er seine Schwester Hera geheiratet, deren ständigen Zorn er sich durch seine Abenteuer zuzieht. Zeus hatte sowohl mit Göttinnen als auch mit sterblichen Frauen Verhältnisse. Diese häufigen Liebschaften galten ursprünglich nicht als sittenlos, sondern waren ein Zeichen seiner großen Naturkraft.

Karikatur von Barbara Henniger

Z

Auch Odysseus zählt zu den starken „Eroberern“

Dir auch werden sich bald, o Schönster, die Haare verfärben,
Dir auch werden den Leib furchend die Runzeln durchziehn.
Stärke den Geist deshalb, dass er dauert, verbünd’ ihn mit Schönheit!
Denn er bleibt dir allein bis zu dem Leichengerüst.
Achte die Sorge nicht klein, dass mit edelen Künsten das Herz du
bildest und dass in den zwei Sprachen bewandert du seist.
Schön war Odysseus nicht, nur war er gewandt in der Rede,
Und doch hat er des Meeres Göttinnen liebend entflammt.
O, wie beklagte sich oft Kalypso, dass er so eile,
sagte, die Meerflut sei jetzt nicht geeignet zur Fahrt.

(*Ars amatoria* II 117-126)

a

1. Welche Parallelen erkennen Sie zwischen dem Zeusmythos und dem häufig wiederkehrenden Jagdmotiv? Welche Sage liegt der Karikatur zugrunde?
2. Mit welchem Mittel ist Odysseus bei den Frauen zum Erfolg gekommen? Wie bei Kalypso?
3. Was davon hat Max Beckmann ins Bild (s. Einbandmotiv) gebracht?

Kopf des Odysseus aus der Polyphemgruppe von Sperlonga

Alle sind zu haben!

Omnia feminea sunt ista libidine mota.
Acrior est nostra, plusque furoris habet.
Ergo age, ne dubita cunctas sperare puellas.
Vix erit e multis, quae neget, una tibi.
Quae dant quaeque negant, gaudent tamen esse rogatae.
Ut iam fallaris, tuta repulsa tua est.
Sed cur fallaris, cum sit nova grata voluptas,
et capiant animos plus aliena suis?
Fertilior seges est alienis semper in agris,
Vicinumque pecus grandius uber habet.

(*Ars amatoria* I 341-350)

Honoré Daumier: Helena entführt Paris

1. In wie viele Abschnitte lässt sich der Text einteilen? Geben Sie jedem Abschnitt eine Überschrift.
2. Mit welchen Verben wird beim „Anmachen“ die Aktion des Mannes, mit welchen die Reaktion der Frau ausgedrückt?
3. *furor* bedeutet (a) Rasen, Wüten, Toben; (b) Verzückung, Liebe, Liebeswut; (c) Wahnsinn, Tollheit, Verblendung. Welche Sinnnuance trifft auf das Wort im Text zu? Welches Frauenbild hat Ovid? Nehmen Sie dazu Stellung.
4. Was ist der Witz in Daumiers Karikatur?
5. Welche Rolle weist Ovid dem Mann zu? Mit welchen Bildern verdeutlicht er diese? Ist diese Einschätzung, selbst wenn sie bei Ovid nicht ohne Ironie ist, heute noch erträglich?

---

fēmineus (*fēmina*): weiblich – **ista** h.: diese Fälle da; gemeint sind die tragischen Liebesbeziehungen des Mythos, über die Ovid im Vorangegangenen berichtet hatte – **libīdō, -inis:** Begierde, Leidenschaft – Ⓚ Erg. *nostrā <libīdine>*: Abl. comp. – **furor, -ōris:** s. dazu Aufgabe 3 – **age:** Auf! Wohlan! – **nē dubitā** ~ *nē dubitāveris* – Ⓚ Ordne: *Vix erit una ē multīs, quae tibi neget.*

negāre alcī: (sich) jdm. versagen – Ⓚ *gaudent esse rogātae*: NcI – **rogāre alqm:** umwerben jdn. – **ut:** angenommen, dass; selbst wenn – **falli:** getäuscht / enttäuscht werden, sich täuschen – **tūtus** h.: risikolos – **repulsa:** die Abweisung – **cum** h.: wo doch – Ⓚ *aliēna*: Neutr. Pl. – Ⓚ *suīs*: Abl. comp. (Nom.: *sua*)

fertilis, -e: fruchtbar, ertragreich – **seges, -itis:** Saat – **vīcīnus:** benachbart, des Nachbarn – **pecūs, -ūdis:** Vieh – **grandis, -e:** groß, dick – **ūber, -eris:** Euter

i Frauen in der Antike

In der Antike war die Frau zeitlebens dem Mann untergeordnet, erst dem Vater, dann dem Ehemann; über ihr eigenes Vermögen konnte sie nicht befinden. Römische Mädchen durften spinnen und weben, lesen und schreiben, singen und malen lernen; sie erhielten also – im Gegensatz zu griechischen Mädchen – zumindest meist eine Elementarausbildung. Verheiratete Frauen sollten zurückgezogen die Kinder erziehen und das Haus verwalten. Die Öffentlichkeit gehörte dem Mann. Nur selten trat dort eine Frau in Erscheinung. Ausnahmen waren die Hetären, oft gebildete Frauen, die sich an der Seite angesehener Politiker zeigten. Politische Ämter standen der Frau nicht offen. Hervorragend allerdings war die Rolle der Frauen in den Mysterienkulten und im römischen Staatskult: die Vestalinnen genossen in der römischen Gesellschaft besonderes Ansehen. Im Laufe der Entwicklung wurde die rechtliche Stellung der Frau allmählich freier. In der Kaiserzeit war sie dem Mann privatrechtlich fast gleich gestellt und hatte Verfügungsgewalt über ihr eigenes Vermögen. Frauen nahmen auch nicht selten am Hof starken Einfluss auf die staatlichen Geschäfte. Gleichzeitig kam es aber auch zu einer niedrigeren Einschätzung der Ehe, zur Lockerung der Sitten und zu häufigen Scheidungen. In dieser Zeit zeigte sich andererseits vor allem in der Oberschicht ein starkes Interesse der Frauen an Literatur, Geschichte und Philosophie.

Ein Satyr macht eine Mänade an. Mosaik, um 150 n. Chr., Köln, Römisch-Germanisches Museum

Mythische Frauengestalten werden oft als der Liebesleidenschaft verfallen und deshalb als krankhaft dargestellt, wie z.B. Phaedra, die Tochter des kretischen Königs Minos, die sich in ihren Stiefsohn Hippolytos verliebte. Von diesem abgewiesen, beschuldigte sie ihn bei seinem Vater unerlaubter Nachstellungen und beging Selbstmord. Man denke an Dido in Vergils *Aeneis*, die aus enttäuschter Liebe, dem Wahnsinn nahe, ebenfalls Selbstmord begeht, oder an Ariadne, die von Theseus auf der Insel Naxos verlassen, von ihrem Wahn und Liebesleid durch Dionysos (Bacchus) befreit wird, mit dem sie dann in einem orgiastischen Festzug Hochzeit feiert.

Eine Frau im Zustand weinseliger, erotischer Verzückung gleicht einer Mänade oder Bacchantin. Diese Anhängerinnen des Bacchuskultes feiern in animalischen Riten und ekstatischen Tänzen zusammen mit Satyrn oder Silenen den mehrgestaltigen Gott; sie sind dabei nackt, teilverhüllt oder ihre Kleider umspielen schönlinig ihre Körper. Die antike Kunst hat dieses Phänomen in den verschiedensten Formen zur Anschauung gebracht.

Z

Lob der Zivilisation

Simplicitas rudis ante fuit. Nunc aurea Roma est / et domiti magnas possidet orbis opes. / Aspice, quae nunc sunt Capitolia, quaeque fuerunt: / Alterius dices illa fuisse Iovis. / Curia consilio nunc est dignissima tanto: / De stipula Tatio regna tenente fuit. / Quae nunc sub Phoebo ducibusque Palatia fulgent, quid nisi araturis pascua bubus erant? / Prisca iuvent alios. Ego me nunc denique natum/ gratulor. Haec aetas moribus apta meis, / non quia nunc terrae lentum subducitur aurum / lectaque diverso litore concha venit, / non quia decrescunt effosso marmore montes, / nec quia caeruleae mole fugantur aquae: / Sed quia cultus adest, nec nostros mansit in annos / Rusticitas, priscis illa supertes avis.

Einfach war man früher und roh. Jetzt strahlet vom Golde / Rom, der eroberten Welt herrlichste Schätze sind sein. / Blick nur zum Kapitol – was es jetzt ist, was es gewesen. / Jupiter, dächte man fast, war da ein anderer Gott. / Siehe die Kurie, jetzt höchst würdig der hohen Versammlung: / Während des Tatius' Reich war sie von Schilf und von Stroh. / Wie das Palatium strahlt von Phöbus beschirmt und den Fürsten! / Nur Pflugstieren vordem diente zur Weide der Platz. / Lobe das Alte, wer will. Ich preis' es als Glück, dass ich jetzt erst lebe; / nach Art und Sinn passen wir: ich und die Zeit. / Nicht weil jetzt das geschmeidige Gold aus der Erde gewühlt wird, / weil man Perlen sich holt von dem entlegensten Strand, / nicht weil Feld und Gebirge durch Marmorbrüche man abträgt, / weil man durch Molen des Meers bläuliche Fluten vertreibt: / Nein, weil Bildung herrscht, und der Ahnherrn bäurische Sitte / nicht mehr dauert und nicht unserer Zeit sich vererbt.

(*Ars amatoria* III 112-128, Übersetzung von W. Hertzberg)

1. Warum preist sich Ovid glücklich? Was gefällt ihm an seiner Zeit?
2. Der Kernbegriff des Textes ist *cultus*. Ist er mit „Bildung" angemessen übersetzt? Worin sieht Ovid den Gegensatz dazu? Wie würden Sie den Inhalt des Wortes hier umschreiben?
3. Erläutern Sie, wie sich dieser Text in den Zusammenhang der Liebeslehre fügt.

„Goldenes Rom" in Antike und Gegenwart

Das Forum Romanum zu Beginn des 3. Jh.s n.Chr., Farbdruck von 1901 nach J. Bühlmann und F. von Thiersch und die Piazza della Rotonda vor dem Pantheon in Rom heute

Cultus 2000. Modern-Style-Collage von Anna Teuteberg

1. Sehen Sie Übereinstimmungen zwischen den „Erscheinungsbildern“ auf der Collage mit dem Outfit, zu dem Ovid (in Text 11, S. 44 f.) seinen Schülerinnen und Schülern rät?
2. Gestalten Sie selbst nach Ihrem Geschmack eine ähnliche Collage.

Wie gestylt sollst du dich zeigen?

a) Ratschläge an die Männer

Sed tibi nec ferro placeat torquere capillos
  nec tua mordaci pumice crura teras.
Nec male deformet rigidos tonsura capillos.
  Sit coma, sit trita barba resecta manu.
Et nihil emineant et sine sint sordibus ungues.
Munditie placeant, fuscentur corpora campo.
Forma viros neglecta decet.

(*Ars amatoria* I 505 f., 517 ff., 513, 509)

Schalenträger, etruskische Wandmalerei in der „Tomba dei Leopardi", 450 v. Chr.

1. Worauf legt Ovid beim Aussehen des Mannes keinen Wert, worauf sollte der Mann aber achten?
2. Wie würde man heute die in dem Satz *forma viros neglecta decet* ausgedrückte Einstellung bezeichnen?
3. Entspricht das Aussehen des Schalenträgers (s. Bild oben) Ovids Vorstellung vom idealen Mann? Begründen Sie Ihre Antwort.
4. Welche Angaben im folgenden i-Text stimmen mit Ovids „Regeln" überein, welche nicht? Was davon gilt auch heute noch für die Haarmode der Männer?

i

Die Haartracht der Männer

In der Frühzeit der römischen Republik trugen die Männer Bärte, doch seit dem 2. Jh. v. Chr. bis zur Zeit Kaiser Hadrians (1./2. Jh. n. Chr.) waren diese in Rom verpönt. Das Haar der meisten Römer war kurz; während der Kaiserzeit hatten Modebewusste aber auch langes, gewelltes und eingeöltes Haar.

Zur Zeit der Republik

Zu Beginn der Kaiserzeit

In der Spätzeit

---

torquēre: drehen, eindrehen, ondulieren – **capillus:** Haar – **mordāx, -ācis:** beißend, rau – **pūmex, -icis:** Bimsstein – **crūs, crūris:** Unterschenkel – **terere:** abreiben, glattreiben – **dēfōrmāre:** entstellen – **rigidus** h.: fest, struppig – **tōnsūra:** Scheren, Haarschnitt (Tonsur!) – **coma:** (Haupt-)Haar – **trītus** h.: geübt – **barba:** Bart – **resecāre:** schneiden – **ēminēre:** hervorragen, h.: zu lang sein – **sordēs, -ium:** Schmutz – **unguis, -is:** Kralle, Fingernagel – **munditiēs, -ēī:** Sauberkeit – **fuscāre:** bräunen – **campus:** Feld, h.: Marsfeld; Ⓚ *<in> campō*

b) Ratschläge an die Frauen

[...] Cultis bene Liber ab uvis
provenit et culto stat seges alta solo.
Rara tamen mendo facies caret: occule menda.
Quaque potes, vitium corporis abde tui.
Si brevis es, sedeas, ne stans videare sedere,
Inque tuo iaceas quantulacumque toro.
Quis credat? Discunt etiam ridere puellae.
Quaeritur atque illis hac quoque parte decor.
Sint modici rictus parvaeque utrimque lacunae,
et summos dentes ima labella tegant.

(*Ars amatoria* III 101 f., 261 ff., 281 ff.)

Frauenporträt auf einem Fresko aus Herculaneum, Neapel, Museo Archeologico Nazionale

1. Mit welchen Bildern drückt Ovid seinen Rat an die Frauen aus, wie sie sich in ihrer äußeren Erscheinung geben sollen? Worauf legt er Wert?
2. Ist sein Rat, was die körperlichen Mängel betrifft, angemessen? Womit helfen etwa die jungen Frauen dem angesprochenen Mangel heutzutage ab?
3. Nennen Sie die Begriffe für die Prinzipien, die nach Ovid das Verhalten der Frau im Umgang mit Männern überhaupt bestimmen sollen.

Vorsicht vor dem Dandy

Aber meidet den Mann, der mit gepflegter Gestalt Eindruck auf euch macht, / der sein lockiges Haar sorglich in Ordnung erhält! / Was er auch euch jetzt sagt, das sprach er zu Tausenden vor euch. / Der ist ein Flatterer, der hält in der Liebe nicht stand. / Täusche sein Haar euch nicht, ob es glänzt von triefenden Narden, / oder die Riemen am Schuh säuberlich untergesteckt; / Täusche die Toga euch nicht, wie fein sie immer gewebt sei. / Ist auch mit Ringen die Hand, Finger um Finger bedeckt.

(*Ars amatoria* III 433-436; 443-446)

Max Slevogt: Don Juan, 1902, Stuttgart, Gemäldegalerie

Līber, -ī ~ Bacchus (Gott des Weines, h. metonymisch für „Wein" gebraucht) – **prōvenīre ab alqā rē:** hervorheben von, gedeihen an etwas – **seges, -itis:** Saat – **solum, -ī:** Boden – Ⓚ *<in> cultō solō* – **rārus:** selten (prädikativ) – **mendum, -ī:** Fehler, Mangel – **carēre alqā rē** h.: frei sein von etwas – **occulere:** verbergen – **quā:** wie **videāre** ~ *videāris* – **quantuluscumque:** wie klein auch immer – Ⓚ Erg. *quantulacumque <es>* – **torum, -ī:** Kissen – **atque** h.: auch – Ⓚ *illīs*: Abl. auct. – **hāc parte:** in dieser Hinsicht – **decor** ~ *decus* – **modicus:** mäßig, klein, maßvoll – **rictus, -ūs:** offener Mund – **lacūna:** Grübchen (in der Wange) **summī dentēs:** die Zahnspitzen – **īma labella:** der unterste Teil der Lippen

Mars und Venus, Ausschnitt aus einem pompejanischen Wandgemälde, 1. Jh. n. Chr.

12 „Liebe ist Kriegsdienst“

Iussus adesse foro, iussa maturius hora
fac semper venias, nec nisi serus abi.
Occurras aliquo, tibi dixerit: omnia differ,
curre, nec inceptum turba moretur iter.
Nocte domum repetens epulis perfuncta redibit:
tunc quoque pro servo, si vocat illa, veni.
Rure erit et dicet, venias; Amor odit inertes:
Si rota defuerit, tu pede carpe viam.
Nec grave te tempus sitiensque Canicula tardet,
nec via per iactas candida facta nives.
Militiae species amor est: discedite, segnes;
non sunt haec timidis signa tuenda viris.
Nox et hiems longaeque viae saevique dolores
mollibus his castris et labor omnis inest.
Saepe feres imbrem caelesti nube solutum
frigidus et nuda saepe iacebis humo.

(*Ars amatoria* II 223-238)

1. Stellen Sie alle Begriffe und Wendungen zusammen, die anzeigen, dass der Liebesdienst dem Kriegsdienst gleicht. In welchem Satz ist die Überschrift prägnant ausgedrückt?
2. In welche Abschnitte lässt sich der Text gliedern? Geben Sie jedem Abschnitt eine Überschrift. Welche Gedankenentwicklung lässt sich feststellen? Was muss der Liebende leisten?
3. Inwiefern spielt bei dieser Gleichsetzung von Liebesdienst mit Kriegsdienst das göttliche Liebespaar Venus und Mars für den Römer eine ausschlaggebende Rolle?

---

iussus: bezieht sich auf den angeredeten Mann – Ⓚ Erg. *<in> forō* – Ⓚ Erg. *fac <ut> veniās* – **mātūrus:** reif, rechtzeitig – Ⓚ *iussā horā*: Abl. comp. – **sērus** (*sērō*): spät – Ⓚ Erg. und ordne: *<Sī> tibi dīxerit, <ut> occurrās* – **aliquō:** irgendwohin – **inceptum:** PPP zu *incipere* – **morārī alqd:** verzögern etwas
repetere: wieder aufsuchen – **epulae, -ārum:** Essen, Mahl – **perfungī** (*perfūnctus sum*) **alqā rē:** etwas bis zu seinem Ende genießen – **tunc** ~ *tum* – **rūre:** auf dem Land – **iners, -tis:** faul, träge – **rota:** Rad, Wagen – **viam carpere:** den Weg zurücklegen – **tempus, -oris** h.: Wetter – **sitīre** h.: heiß sein, Durst machen – **Canīcula:** Hundsstern (dessen Aufgang glühende Hitze bringt, vgl. Hundstage) – **tardāre:** aufhalten, zurückhalten
candidus: weiß – **nix, nivis:** Schnee – **mīlitia** (*mīles*): Kriegsdienst – **speciēs, -eī** h.: Art – **sēgnis, -is:** träg, faul, schlaff – **timidus** (*timēre*): furchtsam – **sīgna tuērī:** die Feldzeichen schützen, verteidigen – **saevus:** hart, grausam – **mollis, -e:** weich, zärtlich – **castra** ~ *mīlitia* (Metonymie)
imber, -bris: Gewitterregen – **caelestis, -e** (*caelum*): himmlisch, am Himmel – **nūbēs, -is:** Wolke – Ⓚ Erg. *<ē> caelestī nūbe solūtum* – **frīgidus:** kalt, frierend

Ein Liebhaber freut sich seines Sieges

Solch ein Sieg verdient einen besonderen Triumph, / bei dem, wie immer er sei, die Beute nicht mit Blut befleckt ist. / Nicht niedrige Mauern, nicht Städte, umgürtet von kleinen Gräben, / sondern ein Mädchen ist unter meiner Führung erobert worden. / Als Pergamon fiel, überwunden im zehnjährigen Krieg, / wie gering war da der Anteil der Atriden am Ruhm so vieler Helden? / Aber mein Ruhm gehört mir allein und ist unabhängig von jedem Soldaten, / und kein anderer hat Anspruch auf eine Ehrengabe. / Als mein eigener Feldherr bin ich an das Ziel / meiner Wünsche gelangt, ich als Soldat; / selbst war ich Reiter, selbst Krieger zu Fuß und / selbst Träger des Feldzeichens. / Keinen Zufall gesellte das Glück meinen Taten bei. / Komm hierher, Triumph, den ich durch eigene Umsicht gewann.

(*Amores* II 12, 5-16)

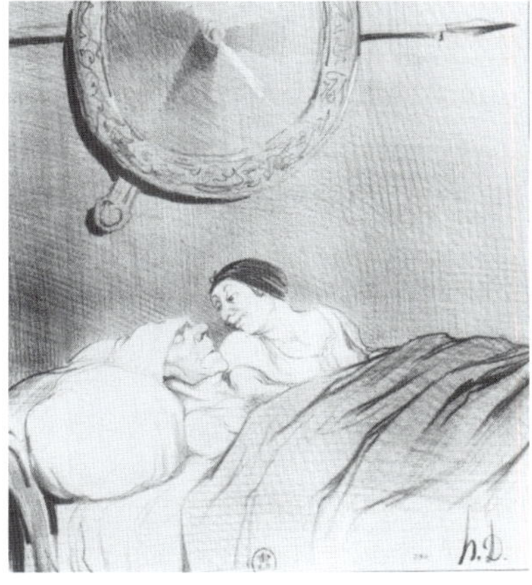

Honoré Daumier: Der heimgekehrte Held Odysseus mit Penelope

1. Inwiefern lässt sich dieser Text mit dem Haupttext vergleichen? Stellt er eine Steigerung zu dessen Aussage dar? Begründen Sie Ihre Meinung.
2. Versuchen Sie unter dem Motto „Liebe ist Kriegsdienst" die Karikatur von Daumier zu erklären. Worin besteht der Witz?

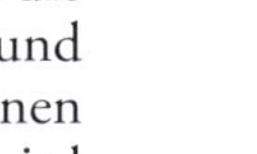

Der „Liebeskrieger" bedarf des Heldenmutes

Wird dir zu gehen versagt auf sicherem und ebenem Wege, / und ist die Tür durch den vorgeschobenen Riegel versperrt, / dann gleite kopfüber durch die Öffnung des Daches in die Tiefe / und auch ein hohes Fenster mag dir einen heimlichen Weg gewähren. / Froh wird sie sein und wird wissen: Sie war der Grund für dein Wagnis; / das wird der Herrin ein Pfand sicherer Liebe sein.

(*Ars amatoria* II 243-250)

Zeus beim „Fensterln", Vasenbild aus Unteritalien, 4. Jh. v. Chr.

Lukrez: Venus – Garant für den Frieden?

Erhabene Venus,
bewirke, dass derweilen die wilden Geschäfte des Krieges
überall zu Wasser und zu Land eingeschläfert zur Ruhe kommen.
Denn du allein kannst mit ruhigem Frieden Hilfe bringen
den Sterblichen, da doch die wilden Taten des Krieges Mars
waffengewaltig beherrscht, der sich oft in deinen Schoß wirft
von der ewigen Wunde der Liebe vollkommen geschlagen.

(Lukrez, *De rerum Natura* II 29-34)

1. Welche Leistung traut der Dichter Lukrez der Göttin Venus zu?
2. Mit welchem englischen Stichwort ließe sich die hier angesprochene Alternative Venus – Mars als Appell formulieren?

Lukrez

Titus Lucretius Carus (97-55 v. Chr.) schuf ein Lehrgedicht „Über die Natur“, in dem er die Philosophie der griechischen „Atomlehrer“ Demokrit und Leukipp in lateinische Verse brachte. Demnach existiert nichts außer den Atomen und dem leeren Raum. Die Erscheinungen der sichtbaren Welt sind Zusammenballungen der Atome. Götter gibt es zwar, aber sie haben, da in Zwischenwelten lebend, keinen Einfluss auf die Erde. Die Gottheiten Venus und Mars sind Symbole für Kräfte, die unter den Menschen wirken – konstruktiv oder destruktiv; sie sind gewissermaßen Personifikationen natürlicher Leidenschaften, von Liebe und Hass.

Jacques-Louis David: Mars und Venus, 1824, Brüssel, Königl. Museum

Von einem französischen Kunstkritiker wurde dieses Gemälde als „homerisches Meisterwerk“ bezeichnet.

Mars, Venus und Cupido

Hubert Gerhard: Brunnengruppe aus Schloss Kirchheim, 16. Jh., München, Bayerisches Nationalmuseum

„Was aber bleibt der Frau? Was erhielt sie? Die Schönheit. Sie ist ihre sichere Rüstung, ihr Speer, der Schild. Die verzehrende Flamme des Kriegers und sein Feuer, alles muss ihr weichen… sie ist schön!“

Anakreon, griechischer Dichter, 6. Jh. v. Chr.

13 Der Liebesbrief – ein Mittel zur Überredung?

Ein Brief – in ein Wachstäfelchen geritzt – ist ein Mittel, mit der Frau in eine Beziehung zu kommen. Was soll der Mann ihr im Brief mitteilen?

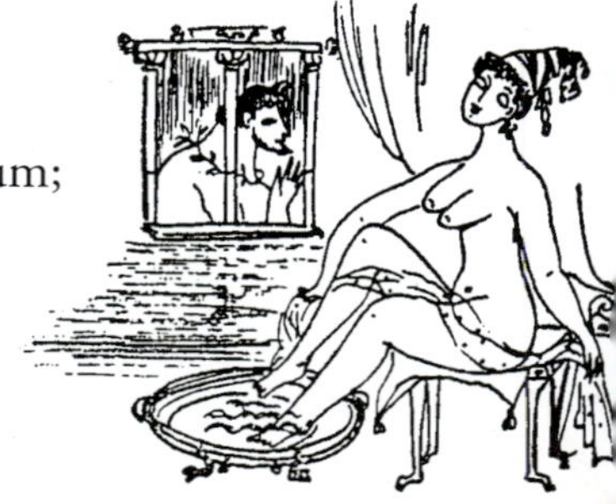

„Komme ich durch einen Brief an sie ran?“, Karikatur von Bele Bachem, 1960

Promittas facito! Quid enim promittere laedit?
Pollicitis dives quilibet esse potest.
Spes tenet in tempus, semel est si credita, longum;
illa quidem fallax, sed tamen apta dea est.
Si dederis aliquid, poteris ratione relinqui.
Praeteritum tulerit perdideritque nihil.
At quod non dederis, semper videare daturus.
Sic dominum sterilis saepe fefellit ager.
Sic, ne perdiderit, non cessat perdere lusor,
et revocat cupidas alea saepe manus.
Hoc opus, hic labor est primo sine munere iungi;
ne dederit gratis, quae dedit, usque dabit.

(*Ars amatoria* I 443-454)

1. Worauf konzentriert sich hier der Inhalt des Liebesbriefes? Welche „Kunst“ soll der Liebhaber anwenden? Wozu rät Ovid hier letztlich? Suchen Sie Begriffe im Text, die eine Wertung dieses Rates andeuten.
2. Mit welchen Bildern aus dem römischen Alltag versucht Ovid den Erfolg seines Rates zu verdeutlichen?
3. Wie beurteilen Sie diese Regel der „Liebeslehre“ des Dichters?

i

Das Würfelspiel
Zu den beliebtesten Gesellschaftsspielen bei den Römern gehörte das Würfelspiel. Gewürfelt wurde mit Knöchelchen oder Steinchen, die vier Ebenen hatten; auf diesen standen die Zahlen 6, 3, 4 und 1. Gespielt wurde mit vier Würfeln. Der beste Wurf war, wenn alle Seiten verschiedene Zahlen zeigten; dieser Wurf hieß „Venus“ (!). Der schlechteste Wurf, der „Hund“ hieß, bestand darin, dass alle Würfel eine 1 hatten. Es gab auch Würfel mit sechs Zahlen. Mit beiden Würfelarten wurden verbotene Glücksspiele um Geld gespielt.

Ⓚ Erg. *facitō <ut> prōmittās* – **laedere:** verletzen, schaden (h. mit Infin.) – **pollicitum, -ī:** Versprechung – **quīlibet:** jeder (beliebige) – **tenēre:** vorhalten, tragen – **semel:** einmal – **fallāx, -ācis** (*fallere*): täuschend, trügerisch

5 **ratiō, -ōnis** h.: Grund – **praeteritum** (*praeterīre*): Vergangenes – **ferre alqd** h.: etwas als Gewinn mitnehmen – Ⓚ Erg. als Subj. *puella* – Ⓚ *quod .. dederīs, <id> datūrus <esse> semper videāris* (Potentialis) – **sterīlis, -e:** unfruchtbar – **cessāre:** aufhören – **lūsor, -ōris** (*lūdere*): Spieler

10 **revocāre:** immer wieder rufen, locken – **ālea, -ae:** Würfel, Würfelspiel (vgl. dazu den Informationstext) – **iungī** ~ *coniungī* (reflexiv zu übersetzen) – Ⓚ *nē dederit ..., <ea puella>, quae dedit, ūsque dabit* – **gratīs:** umsonst – **ūsque** (Adv.): ununterbrochen, ständig

Z 1

Wie soll ich als Frau auf die Liebesbriefe eines Mannes reagieren?

Inspice, quodque leges, ex ipsis collige verbis,
fingat, an ex animo sollicitusque roget;
postque brevem rescribe moram: Mora semper amantes
incitat, exiguum si modo tempus habet.
Sed neque te facilem iuveni promitte roganti
nec tamen e duro, quod petit ille, nega:
Fac, timeat speretque simul, quotiensque remittes,
spesque magis veniat certa minorque metus.

(*Ars amatoria* III 471-478)

a

1. Wozu rät Ovid der Frau?
2. Welches andere Ziel ist bei ihren Versprechungen gesetzt? Wie stehen Sie persönlich zu diesem Rat?
3. Zu welcher Reaktion auf den Brief in Z2 würde Ovid raten?

Römische Frau mit Brief und Schreibgriffel, Wandgemälde aus Pompeji, 1. Jh. n. Chr.

Liebesbrief per Internet

„Hallo Anna! Hey du! Ganz zufällig bin ich gerade vorbeigesurft, und da dachte ich: Antworte doch einfach mal! Lass mich nicht lange warten!"

(aus: Bild der Wissenschaft – special „Leben – Liebe – Partnerschaft", 03/2000, S. 49)

īnspicere: genau ansehen, prüfen – **colligere:** schließen, folgern – Ⓚ Erg. *<utrum> fingat an ... roget* (abh. Fragesatz) – **sollicitus:** stark erregt, voll Leidenschaft – **rescrībere:** zurückschreiben – **mora:** Weile, Pause – **exiguus:** klein, gering – **modo:** nur
facilis, -e: leicht (zu haben); Ⓚ *tē facilem ... prōmitte*: prädikativ – **dūrus:** hart, gefühllos; Ⓚ Erg. *ē dūrō <animō>* – Ⓚ Erg. *fac <ut> timeat* – **quotiēnsque:** sooft

14 Taktik bei Seitensprüngen

a) Nichts anmerken lassen

Quae bene celaris, siquae tamen acta patebunt,
illa, licet pateant, tu tamen usque nega.
Tum neque subiectus solito nec blandior esto,
haec animi multum signa nocentis habent.
Sed lateri ne parce tuo. Pax omnis in uno est:
Concubitu prior est infitianda Venus.

(*Ars amatoria* II 409-414)

Lovis Corinth: Zeus und Kallisto. Zeus war – zum Zorn der Hera – der große Taktiker des Seitensprungs auf dem Olymp. Er täuschte sowohl seine Gemahlin wie auch das Objekt seiner Leidenschaft. Die Artemis-Schülerin Kallisto z.B. überlistete er, indem er sich in die Artemis-Gestalt verwandelte und so jene zum Bruch ihres Keuschheitsgelübdes veranlasste.

b) Ignoriere ihren Fehltritt

Sed melius nescisse fuit; sine furta tegantur,
ne fugiat fasso victus ab ore pudor.
Quo magis, o iuvenes, deprendere parcite vestras;
peccent, peccantes verba dedisse putent.
Crescit amor prensis: Ubi par fortuna duorum est,
in causa damni perstat uterque sui.

(*Ars amatoria* II 555-560)

1. Stellen Sie die Verben zusammen, die dem angeratenen Verhalten bei einem Seitensprung eine negative Färbung geben.
2. Wodurch soll vom Schuldigen der „Friede“ in einer Partnerschaft gerettet werden? Inwiefern ist gerade hier Ovids ironisches Spiel mit dem Thema zu spüren?
3. Warum soll der Mann seiner Frau nicht nachspionieren?
4. In welchem Verhältnis stehen die Begriffe *amor* und *pudor* zueinander? Halten Sie diese Taktik für günstig? Begründen Sie.

Ⓚ Ordne: *sī <ali>quae, quae … cēlāris, … patēbunt, illa, licet pateant, tu … negā* – **cēlāre:** verheimlichen, verbergen – **licet** (m. Konj.): mag auch, selbst wenn – **ūsque:** immer, ständig – **subiectus** h.: unterwürfig – **solitus:** gewöhnlich – Ⓚ *solitō*: Abl. comp. – **blandus:** schmeichlerisch, nett – **multum** (Adv.): vielfach, meist
latus, -eris: Seite, Lende – **concubitus, -ūs:** Umarmung, Beischlaf – **īnfitiārī:** verleugnen – **Venus** h.: Liebeslust

nēscīsse ~ *nēscīvisse* – Ⓚ Erg. *sine <ut> furta tegantur* – **furtum, -ī** h.: Geheimnis – **fatērī:** ein Geständnis ablegen – **pudor, -ōris:** Scham, Gefühl für Keuschheit – **dēprēndere** (*dēprēndī, dēprēnsum*): erwischen, ertappen – **parcere** h.: unterlassen
Ⓚ Erg. *<sē> verba dedisse putent* – **verba dare:** täuschen – **prēndere** ~ *dēprēndere* – **causa** h.: Streitfall, Rechtsfall – **damnum, -ī:** Schuld, Vergehen – **perstāre in alqā rē:** auf etwas bestehen, zu etwas stehen (Das gleiche Geschick der beiden Übeltäter schweißt sie erst recht zusammen, sodass sie trotzig zu ihrer Tat stehen.)

Venus' Seitensprung mit Mars

Vulcanus (Mulciber) erfährt von Sol den Ehebruch seiner Frau; er erwischt beide durch eine List:

Unsichtbares Gestrick legt um und über das Bette
Mulciber nun; sein Werk täuschte das schärfste Gesicht;
Gibt dann vor, nach Lemnos zu gehen; die Liebenden
kommen wieder zusammen: im Netz sind sie gefangen und nackt.
Und nun ruft er die Götter herbei, die Gefangnen zu schaun.
Venus hielt mit Müh, sagt man, die Tränen zurück.

(*Ars amatoria* II 577-582)

Was wollte Vulcanus mit seiner List erreichen? Was halten Sie von dieser List?

Das homerische Gelächter

Nachdem Hephaistos, Schmied und Metallgießer der Götter, von Helios den Ehebruch seiner Frau Aphrodite mit Ares erfahren hatte, schmiedete er wütend Fesseln, die selbst für Götter unsichtbar waren, und baute sie über dem Ehebett auf. Anschließend verbreitete er das Gerücht, er wolle nach Lemnos, seinem Lieblingsaufenthaltsort, reisen. Ares eilte daraufhin zu Aphrodite, und beide wurden unter einem großen Netz, das herabfiel, als sie beisammen im Bett lagen, gefangen. Als Hephaistos wusste, dass die Falle zugeschnappt war, rief er die ganze Gesellschaft des Olymp zusammen, damit sie Aphrodites Schande sähen. Es kamen aber nur die männlichen Götter, und die lachten mächtig.

Lovis Corinth: Das homerische Gelächter, 1909, München, Neue Pinakothek

Liebe – eine exklusive Sache

Ipsa Venus pubem, quotiens velamina ponit,
protegitur laeva semireducta manu.
In medio passimque coit pecus. Hoc quoque viso
avertit vultus nempe puella suos.
Conveniunt thalami furtis et ianua nostris,
Parsque sub iniecta veste pudenda latet:
Et si non tenebras, at quiddam nubis opacae
quaerimus, atque aliquid luce patente minus.
Tunc quoque, cum solem nondum prohibebat et imbrem
tegula, sed quercus tecta cibumque dabat,
in nemore atque antris, non sub Iove, iuncta voluptas:
Tanta rudi populo cura pudoris erat.

(*Ars amatoria* II 612-624)

1. Hatte Ovid wohl beim Abfassen dieser Verse das berühmte Bild der Kapitolinischen Venus vor Augen? Nennen Sie die Wörter, die diese Annahme nahelegen.
2. Welcher Wertbegriff steht im Zentrum dieser „Liebesanweisung“? Woran rät der Liebeslehrer – trotz seiner Bejahung allen Fortschritts – den Liebenden festzuhalten? Was könnte der Grund dafür sein? Wie ernst ist es dem Dichter mit dieser Aussage?

Die Kapitolinische Venus, römische Marmorkopie nach einem späthellenistischen Vorbild, um 150/120 v. Chr., Rom, Kapitolinisches Museum

---

pūbēs, -is: Scham(-gegend), Schoß – **vēlāmen, -inis:** Gewand, Hülle – **pōnere** h.: ablegen, fallen lassen – **prōtegere:** bedecken, schützen; (K) *prōtegī pūbem* (griech. Akk.): sich schützen an der Scham, die Scham bedecken – **laevus:** links – **sēmireductus:** halb zurückgebeugt – **in mediō:** in der Öffentlichkeit – **passim** (Adv.): weithin, überall – (K) *hōc* (bezieht sich auf den ganzen vorausgehenden Satz) *vīsō*: Abl. abs. – **āvertere:** abwenden – **nempe:** doch allerdings
convenīre alci reī: passen zu etwas – **thalamus:** (Schlaf-)Zimmer – **fūrtum, -ī:** Heimlichkeit – **iānua:** Tor – **inicere** (*iacere*): darüber werfen/legen – **vestis, -is** h.: Decke – **pūdendus:** schamhaft – **sī nōn ..., at ...:** wenn nicht, so doch – **tenebrae, -ārum:** Dunkelheit, Finsternis – (K) *quiddam nūbis*: Gen. part. – **opācus:** dunkel – (K) *lūce patente*: Abl. comp. – **patēre** h.: offen / hell sein – **tunc** ~ *tum*
tēgula: Ziegel – **quercus, -ūs:** Eiche – **tēctum, -ī:** Dach, Haus – **nemus, -oris:** Hain – **antrum, -ī:** Höhle – **sub Iove:** unter freiem Himmel – (K) Erg. *iuncta <est> vōluptās* – **rudis, e:** roh, unkultiviert

Vergil: Liebesbund in einer Höhle

Während eines Jagdausflugs kommen sich Dido, die Königin von Karthago, und Aeneas, der Sohn der Venus, näher.

Doch unterdessen beginnt mit dumpfen Grölen der Himmel sich zu verdunkeln, und Hagel fällt und Regen zur Erde. ... Von den Bergen stürzen die Ströme. Dido gerät mit Aeneas zugleich in die nämliche Grotte. Tellus zuerst und Juno, die Schützerin ehelicher Bande, senden ein Zeichen; die Blitze, der Aether als Zeuge des Brautfestes leuchteten hell; auf felsiger Höh' aber heulten die Nymphen.

(*Aeneis* IV 160 ff.)

Marc Chagall: Liebende in einer Höhle, 1967, Paris, Nationalbibliothek

Else Lasker-Schüler: Ein Liebeslied

Komm zu mir in der Nacht – wir schlafen engverschlungen.
Müde bin ich sehr, vom Wachen einsam.
Ein fremder Vogel hat in dunkler Frühe schon gesungen,
Als noch mein Traum mit sich und mir gerungen.

Es öffnen Blumen sich vor allen Quellen
Und färben sich mit deiner Augen Immortellen ...

Komm zu mir in der Nacht auf Siebensternenschuhen
Und Liebe eingehüllt spät in mein Zelt.
Es steigen Monde aus verstaubten Himmelstruhen.

Wir wollen wie zwei seltene Tiere liebesruhen
Im hohen Rohre hinter dieser Welt.

1. Wie behandelt Vergil in seiner *Aeneis* die sexuelle Verbindung von Mann und Frau?
2. Welche Parallelen zwischen den Texten von Ovid und Lasker-Schüler können Sie erkennen? Stellen Sie die lateinischen und deutschen Begriffe nebeneinander. Worin sehen Sie die Unterschiede?

Protze nicht mit Erfolgen!

At nunc nocturnis titulos inponimus actis
  atque emitur magno nil nisi posse loqui!
Scilicet excuties omnis, ubi quaeque, puellas,
  cuilibet ut dicas, „haec quoque nostra fuit"?
Ne desint, quas tu digitis ostendere possis,
  ut quamque adtigeris, fabula turpis erit?
Parva queror. Fingunt quidam, quae vera negarent,
  et nulli non se concubuisse ferunt.
Corpora si nequeunt, quae possunt, nomina tangunt,
  famaque non tacto corpore crimen habet.

(*Ars amatoria* II 625-634)

Collage nach Henri Matisse, 1943/44

a

1. Was lehnt der Liebeslehrer Ovid ab? Nennen Sie Ausdrücke und Wendungen aus dem Text, aus denen diese ablehnende Haltung hervorgeht.
2. Inwiefern ist das, was ihm nicht gefällt, in zwei Stufen vorgestellt?
3. Warum wählt der Dichter das Bild mit den *tituli*?

z

Verschwiegenheit geziemt beiden
Quis furor est, quae nocte latent, in luce fateri et, / quae clam facias, facta referre palam?

(Ovid, *Amores* III 14, 7 f.)

---

nocturnus (*nox*): nächtlich – **titulōs impōnere alci reī:** Inschriften setzen (*titulī* sind Tafeln, auf denen nach siegreichen Eroberungszügen die Namen der besiegten Völker geschrieben waren und die bei Triumphzügen mitgetragen wurden) – **māgnō emere:** teuer erkaufen – **nīl** ~ *nihil* – **scīlicet:** natürlich (ironisch) – **excutere:** ausprobieren – Ⓚ Erg. *ubi quaeque <est>* **nōn dēsunt, quī:** es fehlt nicht an solchen, die – **digitus:** der Finger – **ostendere:** zeigen – **ut:** sobald – **adtingere:** berühren – Ⓚ Erg. *<haec puella> fābula turpis* (prädikativ) *erit* – Ⓚ Erg. *fingunt <ea>, quae, <sī> vēra <essent>, negārent* – **nūlla nōn:** jede – **concubāre alci:** mit jdm. schlafen – Ⓚ Erg. *<tangere> nequeunt* – **tangere** h.: beflecken, entehren **fāma:** Ruf (des Mädchens) – Ⓚ *nōn tāctō corpore*: Abl. abs. – **crīmen habēre:** einen Makel haben

Ⓚ *quae latent* – *quae faciās:* Rel.-Sätze als Objekt – **referre:** berichten, verkünden – **palam** (Adv.): offen, in der Öffentlichkeit

1. Wie hängen die Wörter *fabula*, *fama* (im Haupttext) und *fateri* (Z) zusammen?
2. Worauf will Ovid bei seinen Appellen das Gewicht legen? Inwiefern (s. dazu den Informationstext) bezeichnet er einen Verstoß dagegen als *furor*?
3. Inwiefern hat Webers Gestalt des Gerüchts etwas *furor*-Artiges an sich?

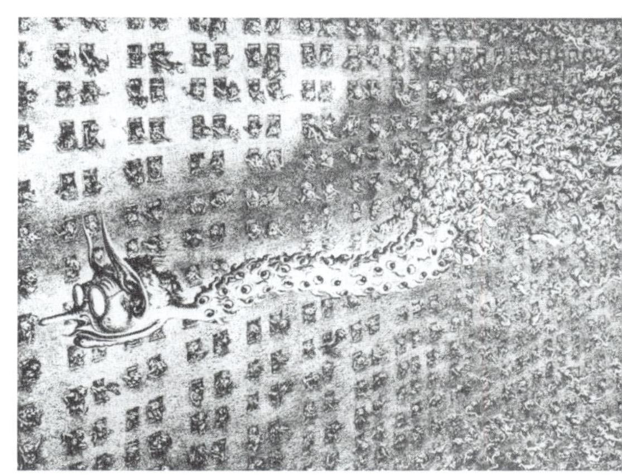

A. Paul Weber: Das Gerücht, 1953

i

Fama als Ungeheuer

Als sich Dido und Aeneas in einer Höhle in Liebe vereinigt hatten, trat bald *Fama* in Erscheinung; dies war der Anfang vom Ende ihres Liebesbundes. Der Dichter Vergil beschreibt die *Fama* in seiner *Aeneis* als „ein schauriges, gewaltiges Ungeheuer" (*monstrum horrens ingens*), dessen Körper offene Augen, spitze Zungen und aufgerichtete Ohren bedecken und das Tag und Nacht in den Lüften und auf der Erde im Einsatz ist und den Menschen Wahres und Falsches verkündet. In der Antike galt also *Fama* als eine bedrohliche gesellschaftliche Macht.

Klatschdarstellung des Zeichners Norman Rockwell, 1948

Liebe ist Lust für beide

Quod iuvat, ex aequo femina virque ferant.
Odi concubitus, qui non utrumque resolvunt:
Hoc est, cur pueri tangar amore minus;
Odi, quae praebet, quia sit praebere necesse
siccaque de lana cogitat ipsa sua;
Quae datur officio, non est mihi grata voluptas:
Officium faciat nulla puella mihi.
Me voces audire iuvat sua gaudia fassas,
utque morer memet sustineamque, roget;
aspiciam dominae victos amentis ocellos;
langueat et tangi se vetet illa diu.

(*Ars amatoria* II 682-692)

1. Welche Form der Liebe lehnt Ovid eher ab? Warum wohl? (s. dazu den Informationstext)
2. Wie soll sich die Liebe zwischen Mann und Frau vollziehen? Nennen Sie Ausdrücke und Wendungen aus dem Text, die die Rücksicht des Mannes auf die Frau anzeigen und mit denen das Empfinden der Frau angesprochen wird.
3. Wie beurteilen Sie selbst diese „Lehre" des Dichters?

Himmelfahrt

Glaube mir, man darf die Wonne der Venus nicht überstürzen,
sondern sollte sie lang hinauszögern und hervorlocken.

(*Ars amatoria* II 717 f.)

Lasst uns zusammen zur Höhe des Himmels aufsteigen!

(So spricht Bacchus zu Ariadne in *Fasti* III 510)

Bestätigt sich in diesen Versen die Aussage des Haupttextes? Nennen Sie die dort vergleichbaren Stellen.

Pompejanisches Wandgemälde, 1. Jh. n. Chr.

Ⓚ *quod iuvat*: Rel.-Satz als Objekt – **ex aequō:** gleichermaßen – **ferre** h.: genießen – **concubitus, -ūs:** Umarmung, Beischlaf – **resolvere:** entspannen, erlösen – **hoc est, cūr:** das ist der Grund, weshalb – Ⓚ Erg. *<eam>, quae praebet* – **praebēre:** gewähren, schenken
siccus: trocken, gefühllos – **lāna:** Wollarbeit – Ⓚ Verb. *voluptās, quae …* – **fatērī:** bekennen, erkennen lassen – Ⓚ Verb. *vōcēs … fassās* – **morārī:** warten – **mēmet:** verstärktes *mē* – **sustinēre:** zurückhalten
āmēns, -ntis: von Sinnen – **ocellus** (*oculus*): Äuglein – **languēre:** erschlafft sein, kraftlos daliegen

i

Knabenliebe in der Antike

Der griechische Autor Xenophon (4. Jh. v.Chr.) schreibt in seinem Werk *Symposion* 8, 21: „Denn der Knabe teilt – anders als die Frau – nicht die Wonnen des Liebesgenusses, sondern sieht nüchternen Sinnes einen von Liebe Berauschten.“

Die Knabenliebe war in der Antike weit verbreitet. Der Knabe stellte für den Mann im Allgemeinen ein bloßes Objekt dar, durch das jener seine sexuellen Bedürfnisse befriedigte. Die Liebe zwischen Mann und Frau betrachtete man anders; aufgrund der natürlichen Beschaffenheit ihres Körpers ist die Frau mit ihren Gefühlen am Liebesakt beteiligt.

Erich Fried: Wollen

Bei dir sein wollen
Mitten aus dem was man tut
weg sein wollen
bei dir verschwunden sein

Nichts als bei dir
näher als Hand an Hand
enger als Mund an Mund
bei dir sein wollen

In dir zärtlich zu dir sein
dich küssen von außen
und dich streicheln von innen
so und so und auch anders

Und dich einatmen wollen
immer nur einatmen wollen
tiefer tiefer
und ohne Ausatmen trinken

Aber zwischendurch Abstand suchen
um dich sehen zu können
aus ein zwei Handbreit Entfernung
und dann dich weiterküssen

(Erich Fried, Als ich mich nach dir verzehrte, 1995, S. 64)

Keith Haring, 1989

1. Erkennen Sie inhaltliche Parallelen zwischen Frieds Gedicht und der Stelle aus Ovids *Ars amatoria?*
2. Passt das Bild von Keith Haring zur Aussage der beiden Gedichte? Begründen Sie Ihre Meinung.

Der Dichter verlangt seinen Preis: Ruhm

Me vatem celebrate, viri, mihi dicite laudes.
   Cantetur toto nomen in orbe meum.
Arma dedi vobis. Dederat Vulcanus Achilli:
   Vincite muneribus, vicit ut ille, datis.
Sed quicumque meo superarit Amazona ferro
   inscribat spoliis „Naso magister erat.“ [...]

(*Ars amatoria* II 739-744)

Lusus habet finem. Cygnis descendere tempus,
   duxerunt collo qui iuga nostra suo.
Ut quondam iuvenes, ita nunc, mea turba, puellae
   inscribant spoliis „Naso magister erat.“

(*Ars amatoria* III 809-812)

Dichterross – Dichterruhm, Heinrich Tessmer: Pegasus, 1998

1. Ovid hat den an die Männer gerichteten Teil (Buch I und II) und den an die Frauen gerichteten Teil (Buch III) seiner „Liebeskunst“ jeweils mit einem eigenen Epilog abgeschlossen. An welchen Merkmalen erkannt man, dass es sich dabei um einen Epilog handelt. Welche Bezüge zum Prooemium (Kap. I, S. 16) sind erkennbar?
2. Welches Bild, mit dem der Dichter den Liebesdienst plastisch verdeutlicht, wird dem Leser hier nochmals mit starken Konturen vor Augen gestellt?
3. Nennen Sie die Wendungen im Text, die die Überschrift bestätigen. Ist der Anspruch des Dichters hoch?
4. Worin erkennen Sie eine Parallele im Vermächtnis des Lehrers Ovid und des Lehrers Schwartz (Z1)?

Das Vermächtnis des Professors

„Ohne die Liebe sind wir Vögel mit gebrochenen Flügeln. [...] Materielle Dinge können niemals Liebe, Zärtlichkeit und Vertrauen ersetzen.“

So die Worte des Psychologie- und Philosophieprofessors Morrie Schwartz, die er kurz vor seinem Tod einem ehemaligen Studenten als eine seiner „goldenen Lebensregeln“ diktierte; diese erschienen als „Tuesday with Morrie“ in Doubleday New York im März 2000.

---

orbis ~ *orbis terrārum* – Ⓚ Verb. *mūneribus ... datīs*
superārit ~ *superāverit* – **Amāzona, -onis** (griech. Akk. *-ona*): Amazone (Metonymie für Mädchen) – **īnscrībere alci reī:** auf etwas schreiben – **spolia, -ōrum:** Kriegsbeute
lūsus, -ūs (*lūdere*): Spiel – **cygnus, -ī:** Schwan, Pl.: Schwanengespann (dem Apollo und der Venus heilig) – **dēscendere alqā rē:** von etwas absteigen – **collum, -ī:** Hals – **iugum, -ī:** Joch

Günter Kunert: Gebrauchsanweisung

Schlimme Worte aus dem Munde
träufle ihr ins offene Ohr.
Dann umgarne alles Runde,
hebe es ans Licht empor.
Lob den Anblick solcher Fakten,
doch vergiss die Knöpfe nicht.
Seltsam geht es zu mit Nackten:
Unsichtbar wird ihr Gesicht.
Solltest kräftig auch die Lippen
körperwärts fungieren lassen
und sie da- und dorthin stippen.
Förderlich, das anzufassen,
was sich leiblich präsentiert!
So erzeugt man Gier und Gunst.
Ars Amandi. Liebeskunst.

(Günter Kunert, Nachtvorstellung, 1999, S. 10)

Hans Dumler: Liebespaar, 1999

Die Facetten der Liebe

Die Sozialpsychologie unterscheidet heute verschiedene Facetten der Liebe:

Agape, die altruistische Liebe: Sie steht für die Bereitschaft, dem anderen beizustehen.

Storge, die freundschaftliche Liebe: Sie entsteht aus einer längeren Bekanntschaft heraus.

Pragma, die pragmatische Liebe: Hier führen Vernunftgründe zu einer intimen Beziehung.

Eros, die romantische Liebe: Hier steht das Gefühl der Verliebtheit im Vordergrund.

Mania, die besitzergreifende Liebe: Hier spielen Sexualität und Leidenschaft eine wichtige Rolle.

Ludus, die spielerische Liebe: Sie steht für sexuelle Freiheit und Ungebundenheit.

(Aus: Bild der wissenschaft – *special* „Leben – Liebe – Partnerschaft“, 03/2000, S. 6f.)

1. Inwiefern ist in Z2 der antike Dichter das Vorbild für den modernen?
2. Passt das Bild von Dumler zu Kunerts bzw. Ovids Gedicht? Begründen Sie.
3. Welche Facetten der Liebe stehen bei Ovid im Vordergrund? Begründen Sie Ihre Antwort unter Hinweis auf entsprechende Textstellen.
4. Welche favorisieren Sie persönlich?

19 Venus in einer erosfeindlichen Zeit

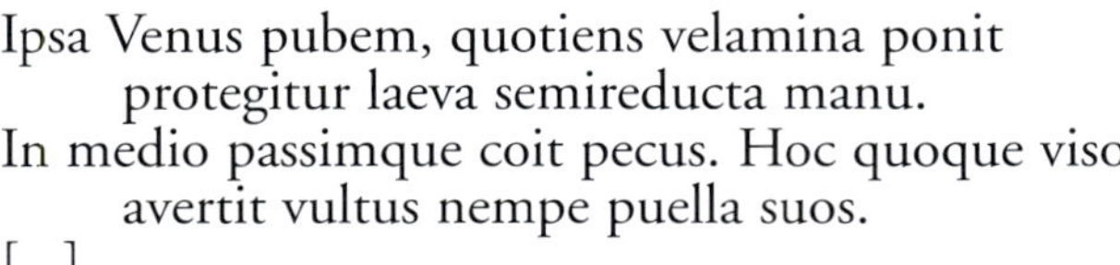

Ipsa Venus pubem, quotiens velamina ponit
protegitur laeva semireducta manu.
In medio passimque coit pecus. Hoc quoque viso
avertit vultus nempe puella suos.
[...]
Tunc quoque, cum solem nondum prohibebant et imbrem
tegula, sed quercus tecta cibumque dabat,
in nemore atque antris, non sub Iove iuncta voluptas:
Tanta rudi populo cura pudoris erat.

(*Ars amatoria* II 612-624 m. A., s. Kap. 15)

Aphrodite von Knidos, römische Kopie, um 1670 mit einem Stuckgewand bedeckt

Venus mit dem Feigenblatt oder in Stuck verhüllt

„Die Feigenblätter sind das sprechendste Zeugnis für das Problem der 'Nacktheit', das die abendländische Kunst im 2. Jahrtausend so lange beschäftigte. Hatte die Wiederentdeckung der Antike zunächst zu einem freizügigeren Umgang mit der Darstellung des nackten Menschen geführt, so wurde ab der Mitte des 16. Jahrhunderts von der Kirche das Nackte wieder tabuisiert. Kunstvoll musste bedeckt werden, was anstößig schien. Dabei blieben auch die größten antiken Meisterwerke nicht verschont, auch nicht die Aphroditestatuen."

(Raimund Wünsche: „Von Nackten, Heiden und Christen")

1. Welche Wörter und Hinweise im Text zeigen an, dass für Ovid die Nacktheit in seiner Liebeslehre ein ernsthaftes Thema ist? Wozu rät er?
2. Inwiefern unterscheidet sich das Motiv der „Schamverhüllung" bei Ovid und im gesellschaftlichen Denken und Verhalten der Neuzeit (Z1)? Wie ist wohl dieser Unterschied zu erklären?

pūbēs, -is: Schamgegend (Schoß) – **vēlāmen, -inis:** Gewand, Hülle – **pōnere:** ablegen, fallen lassen – **prōtegere:** bedecken, beschützen – Ⓚ *prōtegī pūbem* (griech. Akk.) sich schützen, bedecken an der Scham – **laevus:** links – **sēmireductus:** halb zurückgebeugt – **in mediō:** in der Öffentlichkeit – **passim** (Adv.): weithin, überall – Ⓚ *hōc* (bezieht sich auf den ganzen vorausgehenden Satz) *vīsō*: Abl. abs. – **āvertere:** abwenden – **nempe:** doch allerdings
tunc ~ *tum* – **tēgula:** Ziegel – **quercus, -ūs:** Eiche – **tēctum, -ī:** Dach; Haus – **nemus, -oris:** Hain – **antrum, -ī:** Höhle – **sub Iove:** unter freiem Himmel – Ⓚ Erg. *iuncta <est> voluptās* – **rūdis, -e:** roh, unkultiviert

Die verstümmelte Venus

Zu welch wunderlichen Ritualen christliche Statuenfurcht führen konnte, zeigt ein Torso in Trier. Es ist der Rest einer fast bis zur Unkenntlichkeit verstümmelten Venusstatue, die einst im Bewegungstypus der Venus von Milo ähnelte. Dass dies heute nur noch ein Archäologe erkennen kann, erklärt sich aus dem Schicksal der Figur: Wohl seit dem frühen Mittelalter war die Venus neben der Klosterkirche St. Matthias aufgestellt; später wurde sie mit Ketten auf dem nahegelegenen Friedhof aufgehängt, schließlich neben der Kirche in eine ausgemauerte Vertiefung geworfen. An all diesen Orten war sie Ziel der obligaten Steinwürfe („Heidenwerfen“) der nach St. Matthias wallfahrenden Pilger, die somit ihre Verachtung gegen die Macht der weiblichen, sinnlichen Reize ausdrücken wollten.

(Raimund Wünsche: „Von Nackten, Heiden und Christen“)

Venus bei der Klosterkirche St. Matthias in Trier

Moral – auf höchsten Befehl

Kaiser Wilhelm II. verschärfte 1892 das Sittengesetz, um gegen das, „was das Scham- und Sittlichkeitsgefühl in geschlechtlicher Beziehung gröblich verletzt“, wirksamer vorgehen zu können. Darauf setzte in Deutschland eine Verfolgung aller erotischen Literatur, vor allem auch der Akt- und Nacktfotos ein – ähnlich wie dies bereits in England und Frankreich seit Mitte des 19. Jh.s der Fall war.

1. Was wollte der satirische Bildkommentar im „Simplicissimus“ zur damals staatlich verordneten Verhüllungsaktion kritisch beleuchten?
2. Lassen sich zwischen dieser Zeit und der Ära des Augustus Parallelen herstellen? Begründen Sie Ihre Antwort.
3. Könnten Sie sich die Reaktion des Dichters Ovid auf solche öffentliche „Maßnahmen“ vorstellen? Versuchen Sie diese kurz zu beschreiben.

Karikatur aus dem satirischen Magazin „Simplicissimus“, 1900/01

„All you need is love“

Si Venerem tollas, rustica silva tua est.
(Worte, die Phaedra an den keuschen Jäger Hippolytos richtet, – Ovid, *Heroides* 4, 102)

Nullus amor tanti est – abeas, pharetrate Cupido! –
ut mihi sint totiens maxima vota mori.
(Ovid, *Amores* 2, 5, 1f.)

rūsticus: ländlich, unkultiviert – **pharetrātus:** köchertragend

Ein Song der Beatles
There's nothing you can sing that can't be sung.
Nothing you can say but you can learn to play the game.
It's easy.

Chorus:
All you need is love.
All you need is love.
All you need is love.
Love is all you need.

1. Wo können Sie Gemeinsamkeiten, wo Unterschiede zwischen den Aussagen in den Ovid-Zitaten und der Botschaft des berühmten Songs der Beatles erkennen?
2. Wie ist vor diesem Hintergrund Ovids Liebeslehre einzuschätzen?

„Beatles“ mundum mutaverunt
„Beatles“ ab anno millesimo nongentesimo sexagesimo tertio usque ad annum sexagesimum sextum felicissimi cantatores fuerunt.
Itaque ei actores ab hominibus ardenter dilecti sunt. Carmina eorum ab Europa usque ad Americam perveniebant; ipsi summam auctoritatem in explicanda musica nostrae aetatis habebant. „Beatles“ mundum mutaverunt.

(Ex: Bravo, Saeculi-Editio, composita a discipulis „Annette-von-Droste-Hülshoff-Gymnasium“ Gelsenkirchen-Buer)

Peter Rühmkorf: Außer der Liebe nichts (1986)

Flüchtig gelagert in dieses mein Gartengeviert,
wo mir der Abend noch nicht aus dem Auge will,
schön ist's,
hier noch sagen zu können: schön,
wie sich der Himmel verzieht und die Liebe zu Kopf steigt,
all nach so viel Unsinn und Irrfahrt
an ein sesshaftes Herz zu schlagen, du spürst
einen Messerstich tief in der ledernen Brust
DIE FREUDE.

Wo nun dieser mein Witz das Land nicht verändert,
mein Mund auf der Stelle spricht,
– hebt sich die Hand und senkt sich für gar nichts, das Lid –
doch solang ich noch atmund-rauchund-besteh,
solang mich mein Kummer noch rührt
und mein Glück mich noch angeht,
will ich,
was uns die Aura zum Glimmen hält,
mit langer Zunge loben!

Unnütz in Anmut: Dich,
wo die Nacht schon ihr Tuch wirft
über dein ungebildetes Fleisch, es kehren
alle Dinge sich ihre endlichen Seiten zu,
und aus ergiebigem Dunkel rinnt
finstere Fröhlichkeit ...
Ich aber nenne diesseits und jenseits der Stirn
außer der Liebe nichts,
was mich hält und mir beikommt.

1. Was in diesem Gedicht lässt sich mit Ovids Einstellung zur Liebe vergleichen? Wo sehen Sie einen starken Gegensatz?
2. Erkennen Sie eine Nähe zum Thema des Beatles-Songs? Begründen Sie Ihre Antwort.
3. Wie wird die „Liebe" in dem Gedicht von Fried (Z3) gesehen? Können Sie Unterschiede zu Ovid und Rühmkorf erkennen? Welche?

Erich Fried: Kein Unterschlupf

Nicht sich verstecken
vor den Dingen
der Zeit
in die Liebe

Aber auch nicht
vor der Liebe
in die Dinge
der Zeit.

Erich Fried (1921-1988)

Anhang

I. Zu Prosodie und Metrik

1. Rhythmus

Während für deutsche Verse in der Regel ein akzentuierender Rhythmus bestimmend ist (Wechsel von betonten und unbetonten Silben), ist der Rhythmus lateinischer Verse bestimmt durch eine geregelte Abfolge langer und kurzer Silben (quantitierender Rhythmus).

2. Prosodie

Es ist daher für das Lesen und Analysieren von Versen wichtig, die Grundregeln der Prosodie (Lehre von der richtigen Aussprache und Silbenquantität) zu kennen und anzuwenden.

2. 1 **Quantitätsregeln**

1. Eine Silbe ist lang (–):
   a) wenn ihr Vokal lang ist (Naturlänge): *vērus*
   b) wenn auf einen kurzen Vokal zwei Konsonanten (oder mehr; auch *x* oder *z*; nicht *qu*) folgen (sog. Positionslänge): *ars*
2. Alle anderen Silben sind kurz (◡): *amor*
3. Sonderfall: Folgt Muta (*b, p, d, t, g, c*) + Liquida (*l, r*) auf kurzen Vokal, so kann die Silbe als lang oder als kurz gelten: *ma**gn**us, tene**br**ae.*

2. 2 **Betonungsregeln**

In zweisilbigen Wörtern ist die vorletzte Silbe betont. In drei- und mehrsilbigen Wörtern ist die vorletzte Silbe betont, wenn sie lang ist (z.B. *mutā́tus*), andernfalls die drittletzte, z.B. *ánĭmus.*

2. 3 **Hilfen**

1. Lang sind alle Silben mit Diphthongen, z.B. *causa, aethera.*
2. Ein Vokal ist meist kurz, wenn ein weiterer Vokal folgt, z.B. das Adj. *purpurĕus.*
3. In drei- und mehrsilbigen Wörtern sind betonte vorletzte Silben lang (z.B. *mutā́tus*), unbetonte kurz (z.B. *ánĭmus*) – entsprechend 2.2.
4. Oft geht die Quantität einer Silbe aus der grammatischen Funktion der Form hervor, z.B. *-ā* und *-īs* beim Ablativ.

Im Wortschatz von Übungsbüchern, in Wörterbüchern, in Grammatiken und in Schülerkommentaren sind oft die langen Vokale gekennzeichnet (so auch im sub-linea-Kommentar der vorliegenden Ausgabe).

2. 4 **Hiat**

Der Hiat – das Zusammentreffen von Vokal (+ *m*) am Wortende mit (*h* +) Vokal am Anfang des folgenden Wortes – wird im Allgemeinen

gemieden, und zwar durch **Synaloephe** (Verschleifung der zwei Vokale) oder durch **Elision** (Unterdrückung des Auslautvokals), z.B. in *nemor(e) atqu(e) antris* (II 624); *maculosae sanguin(e) (h)arenae* (III 395).
Ist das zweite Wort *es(t)*, so wird dessen *e* unterdrückt (**Aphaerese**), z.B. *dea mollior ulla (e)st* (II 565).

Zwei im Wort benachbarte Vokale können als einer gesprochen werden, z.B. *deinde, ante(h)ac* (**Synizese**).

3. Metrik

Gegenstand der Metrik sind die Metren und Formen der Verse.

3. 1 Das kleinste Element, das im Vers regelmäßig wiederkehrt, nennt man **Metrum** (griech. *métron* = lat. *metrum* = Maß, Verselement), oft auch „Versfuß". Die wichtigsten Metren bestehen aus folgenden Quantitätsverbindungen:
◡ – Iambus, – ◡ Trochäus, – ◡◡ Daktylus, – – Spondeus

3. 2 **Das elegische Distichon**
Die Versform der Liebeselegie ist das elegische Distichon (griech. „Zweizeiler"), das sich aus einem daktylischen **Hexameter** (gr. *hex* sechs; „Sechs-Versfüßler") und einem **Pentameter** (gr. *pente* fünf; „Fünf-Versfüßler") zusammensetzt.

Der **Hexameter** besteht aus sechs Metren, und zwar aus fünf vollständigen Daktylen und einem zweisilbigen Metrum, dessen erste Silbe lang, die zweite lang oder kurz ist (*anceps* ⏓). In den vier ersten Metren können die beiden Kürzen durch eine Länge (also der Daktylus durch einen Spondeus) ersetzt werden. Im fünften Metrum ist dies sehr selten der Fall.

Der **Pentameter** besteht aus zwei symmetrischen Halbzeilen.

3. 3 Innerhalb eines Hexameters und Pentameters finden sich in der Regel Sinneinschnitte; sie liegen in der Regel in der Mitte eines Metrums. Ein solcher Sinneinschnitt heißt dann „**Zäsur**" (lat. *caesura* Einschnitt: von *caedere*). Die wichtigste Zäsur liegt in der Mitte des dritten Metrums, also nach dem „fünften halben Teil" (gr. *penthemimerés*).

3. 4 **Schema des elegischen Distichons**

Hexameter – ⏖ | – ⏖ | – ‖ ⏖ | – ⏖ | – ◡◡ | – ⏓

Zäsur

Pentameter – ⏖ | – ⏖ | – ‖ – ◡◡ | – ◡◡ | –

3. 5 Bei der **Analyse von Versen** gilt es zu zeigen, wie die durch das abstrakte Schema (3.4.) gegebenen Möglichkeiten im konkreten Fall sprachlich realisiert werden. Der Leser hat darauf zu achten, wie die Längen und Kürzen der Wörter schemakonform verteilt sind.

Beispiele für Distichen (Ovid, *Ars amatoria* I 64f. und I 3f.):

Sive cupis iuvenem, iuvenes tibi mille placebunt:
– ◡ ◡ | – ◡ ◡ | – ‖ ◡ ◡ | – ◡ ◡ | – ◡ ◡ | – –
cogeris voti nescius esse tui.
– – | – – | – ‖ – ◡ ◡ | – ◡ ◡ | –

Arte citae veloque rates remoque moventur
– ◡ ◡ | – ‖ – | – ◡ ◡ | – ‖ – | – ◡ ◡ | – ◡
Arte leves currus: arte regendus Amor.
– ◡ ◡ | – – | – ‖ – ◡ ◡ | – ◡ ◡ | –

3. 6 Beim **Lesen von Versen** ist wichtigster Grundsatz, quantitätsgerecht, also mit Beachtung von Längen und Kürzen, zu lesen. Betont wurden die Wörter von den Römern wohl im Vers genauso wie in Prosa, also

quó me fíxit ámor, quo mé violéntius ússit.

Dabei ist die Art der Betonung (etwa Erhöhung des Tons) nicht sicher geklärt. Die Gewohnheit, iktierend zu lesen, d.h. den Versiktus – im Hexameter die *erste* Silbe jedes Metrums – zu betonen:

quó me fíxit amór, quo mé violéntius ússit

stammt aus dem Lateinunterricht deutscher Schulen um die Wende vom 16. zum 17. Jh. und hat sich bis heute in der Schule erhalten. Friedrich von Schiller schuf für die Schüler dann ein Distichon als Beispiel:

Ím Hexámeter steígt des Spríngquells flüssige Säule,

ím Pentámeter dráuf fällt sie melódisch heráb.

Als Schüler sollte man sich zunächst praktisch durch Sprechübungen an den Rhythmus des Verses gewöhnen und ihn nach und nach auch theoretisch durchdringen.

II. Zu Sprache und Stil

Auch in der *Ars amatoria* finden wir Besonderheiten, die für Ovid und die Dichtersprache charakteristisch sind. Solche Eigentümlichkeiten der Sprache tragen dazu bei, den gehobenen Stil der Dichtung zu prägen und gleichzeitig den Leser durch den ungewohnten Ausdruck und Satzbau zu überraschen und zu packen.

1. Wortwahl
1. 1 Dichterische Wörter: *ianua* – die Tür (II 616)
1. 2 Griechische Wörter und Namen: *aura* (I 43); *Clio* (I 27)

2. Lautänderung
2. 1 Synkope: *peric(u)li* (II 254)
2. 2 Ausfall von *h* und *v* zwischen Vokalen und Kontraktion: *nil (<nihil*, I 137); *repugna(v)erat* (I 128)

3. Formenverwendung
3. 1 Griechische Kasusendungen: *Andromed***an** (Akk. Sing. fem.)
3. 2 *-is* statt *-es* im Nom. und Akk. Plur. mask. und fem.: *omn***is** ~ *omn***es**
3. 3 *-ere* statt *-erunt* in der 2. Pers. Plur. Ind. Perf. Akt.: *spars***ere** (I 233)

4. Syntaxeigenheiten
4. 1 Akkusativ der Beziehung (Accusativus Graecus): *pubem ... protegitur* (II 613f.: „sie wird in Bezug auf ihre Scham verhüllt ~ sie bedeckt ihre Scham").
4. 2 Freie Wortstellung: betonte Wörter am Versanfang oder Versende: *arte* (I 4)
4. 3 Trennung von zusammengehörigen Wörtern, um Satzspannung zu erzeugen (↗ Stilmittel: Hyperbaton: *si quis in h o c* ***artem*** *p o p u l o non novit* ***amandi***, I 1).

5. Stilmittel

Alliteration Beginn benachbarter Wörter mit dem gleichen Laut (vgl. „Wild weht der Wind durch die wiegenden Wipfel des Waldes"): ***c****orpore* ***c****rimen* (II 635); ***t****ot* ***t****ibi* ***t****amque* (I 53)

Anápher Wiederholung ein und desselben Wortes am Beginn von Sätzen oder Wortgruppen:
Arte *citae veloque rates remoque moventur,*
arte *leves currus:* ***arte*** *regendus Amor.* (I 3-4)

Antithese Gedanklicher Gegensatz zwischen Wörtern, Wortgruppen und Sätzen:
Quique ***aliis*** *cavit, non cavet ipse* ***sibi.*** (I 84)

Asýndeton Fehlen einer Konjunktion zwischen Wörtern und Sätzen:
arte leves currus: arte regendus Amor. (I 4)

Chiasmus Überkreuzstellung einander entsprechender Gedanken oder Satzglieder (vgl. den griechischen Buchstaben Chi: X),

Spectatum *veniunt,*

veniunt ***spectentur*** *ut ipsae.* (I 99)

Ellipse Fehlen eines (leicht ergänzbaren) Wortes (von griech. *elleipsis* „Auslassung"); bes. Formen von **esse**: *Arte regendus <est> Amor.* (I 4)

Enallagé Zuordnung eines Adjektivs nicht zu dem eigentlich gemeinten, sondern einem anderen vom Sinn her nahestehenden Begriff (vgl. „im Schatten kühler Bäume"): *Sublatam* ***cupido*** *vir tulit ipse* ***sinu.*** (I 128)

Hendiadyóin Wiedergabe eines Gedankens oder Begriffs durch zwei einander ergänzende Ausdrücke (vgl. „in Hülle und Fülle"; „auf Schritt und Tritt"): *mollis et apta regi* ~ ganz leicht zu lenken. (I 10)

Hypérbaton Trennung syntaktisch zusammengehöriger Wörter (bes. Substantiv und Adjektivattribut) durch Zwischenstellung anderer (von griech. *hyperbaínein* „überschreiten"): ***Datas*** *a te mihi mentiar* ***artes.*** (I 25) *in hoc* ***artem*** *populo non novit* ***amandi.*** (I 1)

Metápher Bildhafte Verwendung eines Wortes in einem ihm ursprünglich nicht zukommenden, also übertragenen Sinn: *Seu caperis* ***primis*** *et adhuc* ***crescentibus annis*** *... seu te forte iuvat* ***sera et sapientior aetas.*** (I 62/66)

Metonymie Bezeichnung des eigentlich gemeinten durch einen ihm nahestehenden Begriff:
sub Iove ~ unter dem Himmel (II 524), *Cupido* ~ Amor (I 233).

Parallelismus gleichmäßiger Bau einander entsprechender Wörter:

Quot caelum stellas

tot habet Roma puellas (I 55)

Paronomasie Spiel mit Wörtern gleichen oder ähnlichen Klangs (vgl. im Deutschen „Schüttelreime"): *Vati parete perito.* (I 29)

Parenthese Zwischenstellung eines selbständigen, konstruktionsfremden Satzes oder Ausdrucks: *In medio plausu – plausus tunc arte carebant – rex populo praedae signa repente dedit.* (I 113f.)

Personifikation Behandlung einer Sache oder eines Gefühls als Person:
Nec grave te tempus sitiensque Canicula tardet. (II 231)
Amor odit inertes. (II 229)

Polýptoton Verschiedene Kasus eines Wortes:
plaus*u* – plaus*us* (I 113); tim*or* .... tim*oris* (I 121); ign*is in* ign*e* (I 244)

Polysýndeton Verbindung von Wörtern bzw. Sätzen durch *mehrere* ähnliche Konjunktionen: *arte citae velo****que*** *rates remo****que*** *moventur* (I 3)

Synekdoché
(pars pro toto) Engerer Begriff für einen weiteren: *rates* für *naves* (I 3)

Vokalhäufung ***in*** *v****in****is,* ***ig****n****is in ig****ne* (I 244)

III. Zur literarischen Gattung

In der *Ars amatoria* wirken gewissermaßen zwei literarische Gattungen zusammen; nach Anspruch und Absicht ist das Werk ein Lehrgedicht, nach Form und Inhalt gehört es zur Liebeselegie.

1. Das Lehrgedicht

Die *Ars amatoria* versteht sich als Liebeslehre, als Erotodidaktik; ihr liegt also eine lehrhafte Absicht zugrunde: in Poesie wird der Lehrstoff, nämlich Verhaltensregeln in der Liebe, so dargestellt, dass sie vom Leser als Anweisungen verstanden werden sollen.
Diese Gattung von Dichtungen hat eine bis zu den Anfängen der europäischen Literatur zurückgehende Tradition. Der griechische Dichter Hesiod (um 700 v. Chr.) war der Erste, der eine Anweisung zur Verrichtung von ländlichen Arbeiten in hexametrische Verse fasste. Später wurden naturphilosophische Erklärungen und sogar kulinarische Reiseführer in Gedichtform abgefasst. Berühmt war Arats Lehrgedicht über die „Himmelserscheinungen" aus dem 4./3. Jh. v. Chr.
Die Römer ahmten diese Vorbilder nach. Der Dichter Lukrez (1. Jh. v. Chr.) hat sein umfängliches Werk über das „Wesen der Welt" (*De rerum natura*) in die Form des hexametrischen Lehrgedichts gebracht. Vergil (70-19 n. Chr.) hat eines seiner bewunderten Werke, nämlich die *Georgica*, im dichterischen Wettstreit mit Hesiod gestaltet. „Das Landleben" enthält vordergründig Regeln für den Bauern zur Bewirtschaftung des Landes; doch dient dem römischen Dichter die Landwirtschaft als moralisches Paradigma; die didaktische Absicht geht über den vom Thema angegebenen Rahmen hinaus.
Ovids didaktisches Werk, die *Ars amatoria*, sprengt den traditionellen Rahmen formal und inhaltlich; es wendet das elegische Distichon an und gibt vor, einen unlehrbaren Gegenstand (die Liebe) zu lehren. Der lehrhafte Ton wird nicht selten humorvoll entschärft und fast durchgängig parodistisch überhöht.

2. Die Liebeselegie

Das elegische Distichon ist die poetische Form der Liebeselegie; Ovid hat durch die Wahl dieser Form den Anspruch seines Werkes angezeigt. Man soll darin auch und vor allem die Situation des elegisch Liebenden erkennen.
Leiden und Klagen des *amator* stehen im Zentrum der Liebeselegie. Alles beherrscht hier die Liebe zum Mädchen (*puella*), der man in Treue (*fides*) bis zum Tod ergeben sein will, ja für die man sogar den Tod zu ertragen bereit ist. Der im Liebeswahn (*furor*) Verstrickte dient seiner Herrin (*domina*), einer Libertine, im „Sklavendienst der Liebe" (*servitium amoris*); seine Liebe aber bleibt unerfüllt, unglücklich. Ein markantes Beispiel für solch unglückliche Liebe ist das nächtliche Ausgesperrtsein des Liebhabers, der nach vergeblichem Flehen vor der Tür der Geliebten des Morgens nach Hause geht.

Die Lebenswahl von Liebe und Liebesdichtung ist Protest gegen Politik, Krieg und Ruhm, zugleich Ausdruck einer unpolitischen Haltung der Jugend in einem sich zu immer autoritäreren Machtstrukturen verfestigenden Staat. Vertreter der Liebeselegie sind besonders Catull, Tibull, Properz, auch Ovid besonders mit seinem Werk *Amores.*
In der *Ars amatoria* deutet Ovid die elegische Liebe allerdings um, insofern er das „System" entschärft. Der Liebhaber ist der Geliebten nicht bis in den Tod treu, schon gar nicht ist er bereit, für sie zu sterben. Die Liebe verliert ihren leidvollen Charakter. Elegische Liebessituationen und -regeln werden häufig parodistisch überzogen.

IV. Grundwortschatz zur Textauswahl

(Wörter, die mehr als einmal im lateinischen Text vorkommen)

āmēns, āmentis:	geistlos, von Sinnen
ars, artis:	Kunst, Künstlichkeit, Verstellung, Intrige
caelestis, -e:	himmlisch, am Himmel
caelestēs, -ium:	Himmlische, Götter
coeptum, -ī:	Vorhaben, Beginnen
concubāre alci:	schlafen mit jdm.
concubitus, -ūs:	Umarmung, Beischlaf
(con)iungere:	verbinden
coniungī	sich verbinden
cōnsistere (cōnstitī):	sich hinstellen, sich niederlassen, bleiben
convīvium, -ī:	Gastmahl, Gelage
crīnis, is:	Haar
cultus, -ūs:	Pflege, höhere Lebensart, Bildung, Kultur
damnum, -ī:	Schaden, Schuld, Vergehen
epulae, -ārum:	Essen, Mahl
favere alci:	gewogen sein, jdm. seine Gunst schenken
fertilis, -e:	fruchtbar, ergiebig
fīgere (fīxī, fīxum):	treffen, verwunden
fōrma, -ae:	Schönheit, Gestalt
fōrmōsus, -a, -um:	von schöner Gestalt, schön, bezaubernd
frequēns, -ntis:	häufig, in großer Zahl
furor, -ōris:	Raserei, Toben, Tollheit, Liebeswahn
latus, -eris:	Seite, Flanke, Lende, Schenkel
libīdō, -inis:	Begierde, Leidenschaft
mīlitia, -ae:	Kriegsdienst
mollis, -e:	weich, zärtlich
morārī (morātus sum):	verweilen, warten, sich aufhalten
morārī alqd:	behindern, etwas verzögern
nimium (Adv.):	all(zu) sehr
occulere:	verbergen, verheimlichen
prōtegere:	schützen, bedecken
pūblicus, -a, -um:	allgemein, öffentlich, gewöhnlich, üblich
pūbēs, -is:	Schamgegend, Schoß
pudor, -ōris:	Scham, Schamgefühl, Gefühl für Keuschheit
quot – tot:	wie viele – so viele
ruere:	stürzen, eilen
saevus, -a, -um:	hart, grausam
sēgnis, -e:	träge, faul, schlaff
sērus, -a, -um:	spät, reif
seu – seu / sīve – sīve:	sei es dass – oder dass; entweder – oder
sustinēre:	aushalten, hochhalten
timidus, -a, -um:	furchtsam
ūrere (ussī, ustum):	brennen, verbrennen
ūsque (Adv.):	ununterbrochen, dauernd
ūsus, -ūs:	Gebrauch, Erfahrung

V. Register

1. Personenregister

Achilles: griechischer Held vor Troja
Aeneas: trojanischer Königssohn, nach Flucht aus Troja über Karthago (*Dido*) nach Italien gelangt, mythischer Ursprung von Volk und Herrschaft der Römer, Ahnherr des julischen Kaiserhauses (*Augustus*)
Amazone: Angehörige eines kriegerischen Frauenvolkes in Kleinasien
Amor: gr. *Eros*, Sohn der *Venus* und des *Mars*, Liebesgott
Aphrodite: *Venus*
Apollo: Beiname *Phoebus* (auf seine Kultfunktion als Sonnengott hinweisend), Sohn des *Zeus* und der *Leto* (*Latona*), Zwillingsbruder der *Artemis*; vornehmlich Gott der Weisheit, der Sänger und der Seher sowie der Heilkunst
Ares: *Mars*
Ariadne: Tochter des *Minos*, des Königs von Kreta, mit Theseus aus Kreta geflohen, in Naxos von ihm verlassen, von *Dionysos* (*Bacchus*) von ihrer Trauer befreit und geheiratet
Artemis: röm. *Diana*, Tochter des *Zeus* und der *Leto* (*Latona*), Zwillingsschwester des *Apollo*; Göttin der Jagd und der Keuschheit
Augustus: 63 v. Chr.-14 n. Chr., ehem. *Octavianus*, Adoptivsohn von *C. Iulius Caesar*, Begründer des Prinzipats (*princeps*), der römischen Kaiserherrschaft
Bacchus: gr. *Dionysos*, Sohn des *Zeus* und der *Semele*, Gott des Weines und der Zeugungskraft in der Natur
Blanziflor: frz. *Blanchefleur*, mittelalterliche Romanfigur, die schöne Tochter eines christlichen Kriegsgefangenen, in die sich der spanische Königssohn *Florer* verliebt
Callisto: Tochter des *Lykaon*, Anhängerin der keuschen *Artemis*, von *Zeus* verführt, dafür von *Hera* in eine Bärin verwandelt, die *Artemis* erschoss
Catull: röm. Dichter, 87-54 v. Chr., berühmt durch seine Lesbia-Gedichte
Clio: gr. *Kleio*, eine der neun Musen, zuständig für die Geschichtsschreibung
Dido: Königin von Karthago, von *Aeneas* geliebt und verlassen
Dionysos: *Bacchus*
Eros: *Amor*
Hadrian: röm. Kaiser, 76-138 n. Chr.
Helios: röm. *Sol*, Sonnengott
Helena: Gattin des *Menelaus*, des Königs von Mykene, schönste Frau der Welt, von *Paris* nach Troja entführt, Ursache des Trojanischen Krieges
Hephaistos: *Vulcanus*
Hera: *Iuno*
Hesiod: griechischer Dichter, um 700 v. Chr., schuf im Unterschied zu den Heldenepen des vor ihm lebenden Homer epische Lehrgedichte: *Theogonie*; *Werke und Tage*
Horaz: römischer Dichter, 65-8 v. Chr., dem Mäzenaskreis um *Augustus* zugehörig, schuf besonders lyrische und satirische Gedichte
Iulia: Enkeltochter des *Augustus*, wegen eines Sittenskandals, in den auch *Ovid* irgendwie verwickelt war, vom Kaiser aus Rom verbannt
Iuno: gr. *Hera*, Gemahlin des *Iuppiter* (*Zeus*)

Iuppiter: gr. *Zeus*, Sohn des *Kronos*, höchster der Götter, Ehemann der *Hera* (*Iuno*)
Livius: röm. Geschichtsschreiber, 59 v. Chr.-17 n. Chr., sein Werk *Ab urbe condita* ist nur in Teilen erhalten geblieben
Lukrez: römischer Dichter, 97-55 v. Chr., schuf ein philosophisches Lehrgedicht *Das Wesen der Welt* (*De rerum natura*)
Mars: gr. *Ares*, Sohn des *Zeus* und der *Hera*, Gott des Krieges, Liebhaber der *Venus*,
Metis: Tochter des *Okeanos*, Personifikation der Klugheit
Mnemosyne: gr. Göttin des Gedächtnisses und der Erinnerung, Mutter der *Musen*
Musen: Töchter des *Zeus* und der *Mnemosyne*, ursprünglich nur eine, dann neun, Beschützerinnen der Sänger und Dichter, später aller Künstler und Wissenschaftler; später zuständig für bestimmte Gebiete: *Euterpe* (Flötenspiel und tragischer Chor), *Erato* (lyrische Poesie und Musik), *Kalliope* (epische Dichtung, Philosophie und Rhetorik), *Melpomene* (Gesang), *Polyhymnia* (Lyraspiel), *Urania* (Astronomie), *Kleio* (Geschichtswissenschaft), *Terpsichore* (Tanz), *Thaleia* (Komödie)
Nymphen: Töchter des *Zeus*, niedere Naturgottheiten, Darstellungen der Naturkraft in Bäumen, Quellen, Wiesen und Bergen
Odysseus: lat. *Ulixes*, Sohn des *Laërtes*, Gemahl der *Penelope*, listiger Held vor Troja, nach Ende des Trojanischen Krieges auf zehnjähriger Irrfahrt nach Ithaka, längere Zeit auch von der bezaubernden Nymphe *Kalypso* auf einer einsamen Insel zurückgehalten; seine Geschichte wird vom Dichter *Homer* in der *Odyssee* erzählt
Paris: trojanischer Königssohn, von den Eltern wegen eines bösen Traums nach der Geburt auf dem Berg Ida ausgesetzt; dort als Hirte zu einem schönen Mann herangewachsen, wurde er von den drei Göttinnen *Aphrodite*, *Athene* und *Hera* befragt, welche von ihnen die Schönste sei; er entschied sich für *Aphrodite* (Parisurteil), er erhielt dafür *Helena*, nach deren Raub der Trojanische Krieg ausbrach
Phoebus: *Apollo*
Properz: römischer Dichter, 47-2 v. Chr., Vertreter der Elegiendichtung
Romulus: sagenhafter Gründer Roms, Sohn des *Mars* und der *Rea Silvia*, der Tochter des *Numitor*, des Königs von Alba Longa
Satyr: übermütiges Wesen im Gefolge des *Dionysos* (*Bacchus*), Mensch mit tierischen Ohren, zottiger Behaarung des Körpers, Schwanz, Hufen und Hörnern
Sabinerinnen: Frauen aus dem altitalienischen Stamm der Sabiner, wurden von den Römern, da sie keine Frauen hatten, während eines Festes, zu dem die Sabiner eingeladen worden waren, geraubt (*Raub der Sabinerinnen*)
Sulla: römischer Politiker, 138-78 v. Chr., wurde nach dem Sieg über *Marius* zum Diktator ohne zeitliche Befristung ernannt
Theseus: sagenhafter Nationalheld der Athener, verrichtete Heldentaten wie *Herakles*
Tiberius: römischer Kaiser, 42 v. Chr.-37 n. Chr., Nachfolger des *Augustus*

Tibull: römischer Dichter, 54-19 v. Chr., Vertreter der Elegiendichtung

Venus: Tochter des *Zeus* und der *Dione*, Göttin der Schönheit und der Liebe, Gemahlin des *Hephaistos* (*Vulcanus*); von *Paris* zur schönsten der Göttinnen erklärt

Vergil: römischer Dichter, 70-19 v. Chr., Schöpfer bes. des Lehrgedichts *Georgica* und des Epos *Aeneis*

Vulcanus: Sohn des *Zeus* und der *Hera*, Gott des Feuers sowie aller Künste und Handwerker, lahm und rußig, trotzdem Gemahl der *Venus*, wurde von ihr mit *Mars* betrogen

2. Sachregister

Carmina Burana: *Lieder aus Benediktbeuern*, zu Beginn des 19. Jh.s gefundene Handschrift aus dem 13. Jh. mit Liebes-, Trink- und Spielliedern; eine Auswahl davon wurde von Carl Orff 1937 zu einem Chorwerk arrangiert, das Weltgeltung erlangt hat

Circus: Stadion für Wagenrennen, in langgestreckter Form; in Rom gab es drei solcher Stadien: Circus Maximus, Circus Flaminius, Circus Gai

Colosseum: größtes Amphitheater in Rom, mit 48,5 m Höhe, mit 50000 Sitzplätzen, 80 n. Chr. vollendet

Dezemvir: Beamter, bes. für Rechtsstreitigkeiten oder Landvermessung zuständig

Erotodidaktik: Liebeslehre

Forum: Marktplatz, öffentlicher Platz, auf dem sich das politische Leben (öffentliche Reden, Wahlkampf) abspielte, mit prächtigen Bauten geschmückt. In Rom gab es drei Foren: das Forum Romanum, das Forum Iulium, das Forum Augustum

Homerisches Gelächter: das Gelächter, in das die Götter auf dem Olymp ausbrachen, als sie von Hephaistos herbeigerufen, Venus und Mars im Netz gefangen erblickten; beide waren mit diesem Trick vom gehörnten Ehemann des Ehebruchs überführt worden.

Pergamon: Stadt im Nordwesten Kleinasiens mit herrlichen Bauten und Kunstwerken, bes. berühmt ist der Pergamonaltar

Princeps: der erste Mann im Staat, offizielle Bezeichnung für die politische Spitzenstellung des Augustus, des Begründers des Prinzipats

Theater: gr. „Schauhaus“, aus Holz, später aus Stein gebaute halbkreisförmige Anlage für die Aufführung von Schauspielen (Tragödien, Komödien) vor einer Vielzahl von Zuschauern; davon zu unterscheiden ist das Amphitheater, das eine elliptische Anlage hat, in dem also die Zuschauer „ringsherum“ sitzen; es diente zur Aufführung von Gladiatorenkämpfen und Tierhetzen; bes. berühmt ist das Colosseum in Rom

Triumvir: Beamter, bes. für den polizeilichen Ordnungsdienst zuständig

VI. Literatur zum Thema

1. Fachwissenschaftliche und fachdidaktische Literatur

v. ALBRECHT, M.: Geschichte der römischen Literatur. Bd. 1, München/New Providence/London/Paris 1994.

v. ALBRECHT, R. und M.: Ovid für Liebende, Gerlingen 1998.

BOBERG, B.: Ovids Frauen- und Männerbild in der „ars amatoria". In: AU 42,2 (1999), S. 18-23.

BURGER, F.: Liebeskunst (ARS AMATORIA LIBRI TRES, bearbeitet nach W. Hertzberg), München 1959.

BÜCHNER, K.: Römische Lyrik, Stuttgart 1976, 277-302.

FINK, G.: Ovid als Psychologe (ars amatoria). In AU 42,2 (1999), S. 18-23.

FINK, G./NIEMANN, K.-H.: Ovids „Ars amatoria", Textausgabe mit Lehrerkommentar. Göttingen 1997.

FUHRMANN, M.: Geschichte der römischen Literatur, Stuttgart 1999, S. 235-236.

GIEBEL, M.: Ovid mit Selbstzeugnissen und Bilddokumenten, Hamburg 1991, S. 29-44.

v. GLEICHEN-RUßWURM, A.: Ovids Liebeskunst, München/Berlin 1958.

HASLBECK, F.: Lieben – eine Lebenskunst. Reihe STUDIO, Bamberg 1999.

HOLZBERG, N.: Ovids Liebeskunst, München/Zürich 1985, bes. Einführung S. 197-212.

HOLZBERG, N.: Ovid. Dichter und Werk, München 1997.

LENZ, F. W.: Ovid. Die Liebeskunst (lateinisch und deutsch), Berlin 1969.

LUTZ, M.: Auswahl aus Ovids „Ars amatoria" als erste Lektüre der Dichtung und als Vorbereitung für die Metamorphosen (geeignet für 4./5. Lateinjahr). In: AU 19.1 (1976), S. 64-67.

MITTLER, O.: Liebeskunst – Heilmittel gegen die Liebe. Übertr. und hg., München 1962.

OTIS, B.: Ovids Liebesdichtungen und die augusteische Zeit. In: Ovid WdF, S. 233-352.

PETERSEN, O./WEISS, H.: Ovids Ars amatoria im Unterricht einer 10.Klasse. In: AU 25, 4 (1982), S. 23-35.

PETERSEN, O./WEISS, H.: Ovidius Naso. Ars amatoria. Stuttgart/Berlin/Leipzig 1996.

SCHMALZRIEDT, E.: Hauptwerke der antiken Literatur. Kindlers Literaturlexikon, München, 1976, S. 335.

SENONER, R.: Die römische Literatur. Ein Überblick über Autoren, Werke und Epochen, München 1981, S. 97-99.

SOLODOW, J.B.: Ovid's Ars amatoria: the lover as a cultural ideal. In: Wiener Studien N.F. 11 (90), 1977, S. 100-127.

STROH, W.: Ovids Liebeskunst und die Ehegesetze des Augustus. In: Gymn. 86 (1979), S. 323-352.

SUERBAUM, W.: Ovid über seine Inspiration. Zu Ars amatoria I 26. In: Hermes 93 (1965), S. 491-496.

WILDBERGER, J.: Ovids Schule der „elegischen" Liebe. Erotodidaxe und Psychagogie in der Ars amatoria, Frankfurt a.M. 1998.

WÜNSCHE, R./PRANGE, P.: Das Feige(n)blatt. Katalog zur Milleniumsausstellung Glyptothek, München, 18. Juli-20. Oktober 2000.

ZINN, E.: (Hg.): Ovids Ars amatoria und Remedia amoris. AU Beiheft zu Reihe XIII, 1970, S. 64-105.

2. Fiktionale Darstellungen

BOCHENSKI, J.: Der Täter heißt Ovid, Wien 1975 (Roman).

EBERSBACH, V.: Der Verbannte von Tomi, Berlin 1984 (hist. Erzählung).

v. NASO, E.: Ovid. Liebe war sein Schicksal, Hamburg 1958 (Roman).

RANSMAYR, CHR.: Die letzte Welt, Nördlingen 1988 (Roman).

VII. Ein modernes Gegenstück

Erich Fromm, einer der bedeutendsten Psychologen und Psychoanalytiker des 20. Jahrhunderts, hat vor dem Hintergrund seiner wissenschaftlichen Erfahrung ein Büchlein mit dem Titel „Die Kunst des Liebens" geschrieben, in dem er sich mit der Schwierigkeit dieses elementaren Lebensgefühls auseinandersetzt. Wer sich mit der Thematik eingehender befassen will, dem sei die Lektüre dieser „Liebeslehre" empfohlen. Ein kurzer Auszug daraus ist hier zitiert:

„Wenn das so ist, dann wird von dem, der diese Kunst beherrschen will, verlangt, dass er etwas weiß und keine Mühe scheut. Oder ist die Liebe nur eine angenehme Empfindung, die man rein zufällig erfährt, etwas, was einem sozusagen 'in den Schoß fällt', wenn man Glück hat? (...)
Die meisten Menschen sehen das Problem der Liebe in erster Linie als das Problem, *selbst geliebt zu werden, statt zu lieben.* (...)
Hinter der Einstellung, dass man nichts lernen müsse, um lieben zu können, steckt zweitens die Annahme, es gehe bei dem Problem der Liebe um ein *Objekt* und nicht um eine *Fähigkeit.* Viele Menschen meinen, zu *lieben* sei ganz einfach, schwierig sei es dagegen, den richtigen Partner zu finden, den man selbst lieben könne und von dem man geliebt werde. (...)

Der dritte Irrtum, der zu der Annahme führt, das Lieben müsse nicht gelernt werden, beruht darauf, dass man das Anfangserlebnis *sich zu verlieben* (*falling in love*) mit dem permanenten Zustand *zu lieben* (*being in love*) verwechselt. (...)
Die Auffassung, nichts sei einfacher als zu lieben, herrscht noch immer vor, trotz der geradezu überwältigenden Gegenbeweise. Es gibt kaum eine Aktivität, kaum ein Unterfangen, das mit so ungeheuren Hoffnungen und Erwartungen begonnen wird und das mit einer solchen Regelmäßigkeit fehlschlägt wie die Liebe. (...)
Die Ausübung einer jeden Kunst hat gewisse allgemeine Voraussetzungen, ganz gleich, ob es sich um die Tischlerkunst, die Medizin oder die Kunst der Liebe handelt. Vor allem erfordert die Ausübung einer Kunst *Disziplin.* (...)
Dass (als weiterer Faktor) *Konzentration* eine unumgängliche Vorbedingung für die Meisterschaft in einer Kunst ist, bedarf kaum eines Beweises. (...)
Eine dritte Voraussetzung ist die *Geduld.* Wiederum weiß jeder, der jemals eine Kunst zu meistern versuchte, dass man Geduld haben muss, wenn man etwas erreichen will. Wenn man auf rasche Erfolge aus ist, lernt man eine Kunst nie."

(Erich Fromm, *Die Kunst des Liebens*, 1979, S. 11-15, 124f.)

Inhalt

ANTIKE UND GEGENWART

Lateinische Texte zur Erschließung europäischer Kultur

Herausgegeben von Friedrich Maier

2. Cicero · In Verrem
Kulturkriminalität oder:
Redekunst als Waffe.
Bearbeitet von Friedrich Maier, 56 S.,
Best.-Nr. 5942

7. Virtutes Cardinales
Wert und Wirken ethischen Handelns:
Erasmus, Apophthegmata.
Bearbeitet von Kurt Benedicter, 83 S.,
Best.-Nr. 5947

8. Europa · Ikarus · Orpheus
Abendländische Symbolfiguren
in Ovids Metamorphosen.
Bearbeitet von Friedrich Maier, 88 S.,
Best.-Nr. 5948

9. Cum grano salis
Witz und Wahrheit in der Anekdote.
Bearbeitet von Maria Ausserhofer
und Martina Adami, 48 S.,
Best.-Nr. 5949

10. Catull · An Lesbia
Ein Liebesdichter mit
europäischer Ausstrahlung.
Bearbeitet von Friedrich Maier, 56 S.,
Best.-Nr. 5960

11. Cicero · Philippika
Die Macht des Wortes in der Politik.
In Antonium (Oratio IV)
Bearbeitet von Klaus Mühl, 64 S.,
Best.-Nr. 5961

12. Antike Briefe
Cicero – Plinius – Seneca.
Bearbeitet von Kurt Benedicter, 104 S.,
Best.-Nr. 5962

14. Caesar · Bellum Gallicum
Der Typus des Machtmenschen.
Bearbeitet von Friedrich Maier, 124 S.,
Best.-Nr. 5964

16. Ovid · Ars amatoria
Lieben – Bezaubern – Erobern.
Bearbeitet von Friedrich und Luise
Maier, 80 S.,
Best.-Nr. 5966

17. Martial · Epigramme
Parcere personis, dicere de vitiis.
Bearbeitet von Helmut Offermann, 80 S.,
Best.-Nr. 5967

18. Daphne · Narcissus · Pygmalion
Liebe im Spiegel von Leidenschaft
und Illusion.
Bearbeitet von Rudolf Henneböhl, 84 S.,
Best.-Nr. 5968

19. Cornelius Nepos · Berühmte Männer
Bearbeitet von Friedrich Maier, 123 S.,
Best.-Nr. 5969

21. Mensch und Natur in der Antike
Bearbeitet von Gudrun Vögler, 108 S.,
Best.-Nr. 5981

22. Roma urbs aeterna
Texte über Rom aus drei Jahrtausenden. Bearbeitet von Michael Hotz und Franz Peter Waiblinger, 92 S., Best.-Nr. 5982

23. Sallust
Catilinarische Verschwörung
Nacht über Rom.
Bearbeitet von Peter Grau und Friedrich Maier, 104 S., Best.-Nr. 5983

24. Caesar · Weltherrscher
Ein literarisches Porträt.
Bearbeitet von Friedrich Maier, 120 S., Best.-Nr. 5984

25. Römischer Staat und frühes Christentum
Bearbeitet von Katharina Waack-Erdmann, 68 S., Best.-Nr. 5985

26. Frauengestalten der Antike
Bearbeitet von Renate Glas, 95 S., Best.-Nr. 5986

27. Philosophie im Aufbruch
Die Geburt der Vernunft.
Bearbeitet von Friedrich Maier, 120 S., Best.-Nr. 5987

28. Geflügelte Worte aus der Antike
Lebendige Sprachbilder.
Bearbeitet von Friedrich Maier, 76 S., Best.-Nr. 5988

29. Auf Messers Schneide
Historische Wendepunkte in der Antike.
Bearbeitet von Friedrich Maier, 76 S., Best.-Nr. 5989

31. Phoenix 1
Lektüre für die Jahrgangsstufe 9.
Bearbeitet von Friedrich Maier, 192 S., Best.-Nr. 7761

31. Phoenix 2
Lektüre für die Jahrgangsstufe 10.
Bearbeitet von Friedrich Maier, 184 S., Best.-Nr. 7762

Abbildungsnachweis:
Einbandmotiv: Artothek/Peissenberg; 10: A. Koch / Interfoto, München; 12: Ullstein Bilderdienst, Berlin; 17: Scala, Antella; 22: Erich Lessing/AKG, Berlin; 27c: Scala, Antella; 27b: Cinetext, Hamburg; 29: Süddeutsche Zeitung, München (30.05.200); 31: Benno Huth, Karlsruhe; 32: AKG, Berlin; 34: AKG, Berlin; 35: dpa, Frankfurt a.M.; 38: Scala, Antella; 39b: Erich Lessing/AKG, Berlin; 40: Bibliothèque Nationale, Paris; 42a: AKG, Berlin; 42b: Scala, Antella; 44a: Scala, Antella; 45a: Erich Lessing/AKG, Berlin; 45b: Staatsgalerie Stuttgart; 46: Erich Lessing/AKG, Berlin; 47a: Bibliothèque Nationale, Paris; 47b: Scala, Antella; 48: Joseph S. Martin / Artothek, Peissenberg; 49: Bayerisches Nationalmuseum, München; 54: Scala, Antella; 57a: AKG, Berlin; 57b: AKG, Berlin; 62a/b und 63a/b: Glyptothek, München; 64: dpa, Frankfurt a.M.; Verlagsarchiv.